智 敏 著

共同富裕视角下的

农业农村现代化

理论逻辑与实践路径

MODERNIZATION OF AGRICULTURE AND RURAL AREAS
FROM THE PERSPECTIVE OF COMMON PROSPERITY

THEORETICAL LOGIC AND PRACTICAL PATH

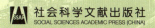

社会科学文献出版社
SOCIAL SCIENCES ACADEMIC PRESS (CHINA)

前　言

农业农村现代化是中国式现代化的重要组成部分。农业农村现代化是农村产业现代化、农村生态现代化、农村文化现代化、乡村治理现代化和农民生活现代化的有机整体。全面建设社会主义现代化国家，最艰巨最繁重的任务仍然在农村。2017 年，党的十九大报告将农业现代化扩展到农业农村现代化，提出"加快推进农业农村现代化"的任务。2022 年 12 月，在中央农村工作会议上习近平总书记强调，农村现代化是建设农业强国的内在要求和必要条件，建设宜居宜业和美乡村是农业强国的应有之义，要一体推进农业现代化和农村现代化，实现乡村由表及里、形神兼备的全面提升。党的二十大报告提出，要"以中国式现代化全面推进中华民族伟大复兴"。新时代农业农村现代化建设必须立足"大国小农"的基本国情农情，走具有中国特色的发展道路，坚持自主发展道路，保障国家粮食安全自主可控；践行绿色发展理念，推动农业生产方式向资源节约型、环境友好型转变；传承创新农耕文化精髓，在现代化进程中保留乡村文化基因；构建利益共享机制，通过城乡融合发展让农民平等参与现代化进程、共同分享现代化成果。

农业农村现代化是实现全体人民共同富裕目标的坚实基础。共同富裕作为中国式现代化的本质要求，对农业农村现代化实践提出了系统性、多维度的指引。要在遵循城乡融合发展客观规律的前提下，辩证把握农业现代化与农村现代化之间的内在联系。农业现代化着力提升农业生产效率与质量安全水平，通过产业升级为农民增收创造物质条件；农村现代化则致力于改善人居环境、培育新型职业农民、创新乡村治理模式，为农业现代化提供人才支撑和制度保障，两者相互依存、相互促进，协同推进是实现农民农村共同富裕的实践路径。在共同富裕视角下研究农业农村现代化的理论逻辑和实现路径，对于把握农业农村发展一般规律和历史趋势，找准推进农业农村现代化的着力点，破解城乡发展不平衡不充分问题，厚植发展优势，构建现代农业产业体系、生产体系、经营体系，推动我国农业农村高质量发展，建设农业强国，实现共同富裕具有重要的理论价值和现实意义。

本书从历史探源的视角，详细梳理并深入研究农业农村现代化相关经典理论。探索中国式农业农村现代化道路，必须建立在坚实的理论基础之上。关于农业农村发展的经典理论为研究提供了重要的思想源泉，系统梳理这些理论观点，对于构建共同富裕视角下农业农村现代化理论体系具有重要意义。本书归纳和总结了经典理论，包括舒尔茨的改造传统农业理论、约翰·梅尔的农业发展阶段理论、速水佑次郎和拉坦的诱致性技术创新理论，同时，对当前国内学术界关于农业农村现代化内涵与特征的相关文献进行综述，旨在为探索符合我国基本国情的农业农村现代化实践路径提供理论支撑。

本书对共同富裕视角下农业农村现代化的内涵和特征进行了系统深入的研究。农业农村现代化是融合产业升级、生态保护、治理创新、城乡协调等多重目标的动态系统性工程。随着时代的前进、社会的进步、科学技术的发展，农业农村现代化的内涵和特征不断丰富。在回顾我国农业农村现代化思想演进的基础上，从农业产业、农村生态、乡村文化、乡村治理和农民生活五个方面归纳了农业农村现代化的具体内涵，并提出了共同富裕视角下农业农村现代化的特征，即实现共同富裕的目标特征、小农户与现代农业有机衔接的主体特征、新质生产力为引擎的产业特征、全面绿色转型的发展模式特征、体系和能力现代化的治理特征。

本书在系统梳理农业农村现代化理论和国内外发展实践的基础上，提出了共同富裕视角下推进农业农村现代化的总体思路。农业农村现代化是实现共同富裕的关键支撑，共同富裕作为中国式现代化的本质要求，对农业农村现代化提出了系统性、多维度的实践指引。在分析实现共同富裕对农业农村现代化要求的基础上，从产业体系、生态体系和治理体系等多维视角，构建由农业高质高效、农村宜业宜居和农民富裕富足三个子系统组成的农业农村现代化目标框架，并重点围绕产业融合、制度改革、绿色发展、城乡协同、开放共享等，提出了推动农业农村现代化的重点任务。

本书归纳和总结了国外在农业农村现代化方面的发展经验和教训。国际经验表明，各国因国情不同而采用了不同的农业农村现代化模式，但农业农村现代化作为复杂的系统工程，其实现路径依旧有章可循，需要科技创新、制度创新与模式创新的系统协同。为此，分析研究了以美国模式、欧洲模式、日韩模式等为代表的典型模式，以期借鉴发达国家农业农村现代化建设成功经验，探讨国际经验共性规律，立足我国"大国小农"现实构建本土化方案，在守住粮食安全底线的基础上，构建差异化、阶梯式发展路径，实现农业生产效率、农民生活品质、农村生态价值的全面提升。

在共同富裕视角下国内农业农村现代化实践经历了制度重构与基础夯实阶段、市场化改革与结构调整阶段、全面振兴与高质量发展阶段，本书回顾了我国农业农村现代化的探索历程，并对取得的成效进行归纳总结，理论分析和实践经验相结合，对各地在农业农村现代化进程中探索出的适配性发展模式和多元化区域创新经验进行总结，为进一步完善和推广典型发展模式提供有益借鉴和启示。

在理论分析、现状梳理和案例总结的基础上，从以下五个方面提出实现路径，为协同推进农业农村农民现代化，全面实现农业强、农村美、农民富提供科学依据。

实现路径一：全方位夯实粮食安全根基。保障粮食和重要农产品稳定安全供给是推动农业农村现代化的重要基础，是建设农业强国的重要举措。本书从以下四个方面：落实"藏粮于地"，加大耕地保护与农田建设力度；坚持"藏粮于技"，强化现代种业科技创新支撑；践行"大食物观"，统筹推进做优增量与盘活存量；实施"全面节约战略"，实现全链条节粮减损，系统总结了持续增强我国粮食安全保障能力的路径，为农业农村现代化提供坚实的物质基础。

实现路径二：多举措强化科技支撑。科技是实现农业现代化的重要支撑和关键变量，是农业增效益、农民增收入、农村增活力的重要驱动力。本书从以下三个方面：聚焦市场需求，构建梯次农业科技创新体系；坚持问题导向，完善农业科技创新成果转化机制；完善服务体系，打通农业科技推广应用"最后一公里"，构建了科技赋能农业农村现代化的支撑体系。

实现路径三：高效率畅通城乡要素双向流动。城乡要素双向流动和平等交换是拓展现代化发展空间、推动高质量发展的迫切需要，也是农业农村现代化的重要标志。本书提出从以下四个方面：以县域为切入点，加快以特色产业为支撑的就地就近城镇化；以农民需求为导向，促进城乡公共服务均等化；以数字技术为依托，赋能城乡要素配置优化；以改革创新为动力，完善城乡资金流动机制，逐步完善城乡要素双向流动和平等交换机制，推动各类要素在城乡间合理流动和高效集聚。

实现路径四：多样化打造乡村富民产业。培育壮大乡村富民产业是推动农业转型升级的必由之路，对于促进农民持续增收、推动实现共同富裕具有重大意义。在分析乡村富民产业对于实现农业农村现代化的重要意义的基础上，针对我国乡村富民产业发展中的短板，提出要坚持因地制宜，夯实乡村富民产业生产基础；坚持创新驱动，完善乡村富民产业经营体系；坚持联农带农，优化乡村富民产业利益联结机制的对策建议。

实现路径五：高质量推进宜居宜业和美乡村建设。新时代新征程，建设宜居宜业和美乡村，对于满足农民对美好生活的新需求、提高乡村社会文明程度，推进农业农村现代化，进而全面建成社会主义现代化强国具有重要意义。本书在分析农业农村现代化进程中宜居宜业和美乡村建设目标的基础上，明确提出了高质量推进和美乡村建设的对策建议：完善基础设施，保障农村具备现代化生产生活条件；数字技术赋能，推进生态宜居；健全优质文化供给机制，推进乡风文明；提升乡村治理效能，推进治理有效。

总体而言，本书在共同富裕视角下对我国农业农村现代化的理论和实践做了系统、全面的研究，具有较鲜明的理论性和实践性，对加快农业农村现代化步伐，协同推进农业农村农民现代化和城乡融合发展，全面实现农业强、农村美、农民富，具有重要的理论和实践价值。

对农业农村现代化道路的探索是与时俱进、持续深化的过程。随着农业农村发展实践的深入，相关理论研究也需要保持开放性和创新性，在动态发展中不断完善理论体系，并在实践创新中检验理论成果。因此，本研究需要持续深入，广度和深度还需拓展，不断推进实践基础上的理论创新和理论指导下的实践深化。

由于笔者水平有限，书中难免有不妥和疏漏之处，恳请广大读者不吝赐教，批评指正。

目　录

第一章　研究综述

坚持农业农村优先发展，加速推进农业农村现代化进程，是建设农业强国的必由之路，也是新时代全面建设社会主义现代化国家的核心任务之一，深刻体现了城乡协调发展的内在要求，彰显了农业基础地位的战略价值。在构建新发展格局的背景下，农业农村现代化不仅关乎粮食安全和社会稳定，更是推动经济高质量发展的重要支撑点。通过提升农业质量效益和竞争力，完善农村治理体系，提升农民生活品质，将为实现中国式现代化奠定更加坚实的根基。理论与实践相互依存、相互促进，二者的辩证关系在探索中国式农业农村现代化道路过程中表现得尤为突出，科学理论的指导作用在实践进程中不可或缺，因此系统梳理和研究学者关于农业农村现代化的经典论述，就成为研究我国农业农村现代化发展路径的理论基础。农业农村现代化作为一个科学概念，其核心要义在于代表着农业农村发展的特定历史阶段，与特定社会发展阶段相适应，是具有显著先进生产力特征的农业产业和农村社会形态的发展阶段。农业农村现代化的理论认知始终处于不断深化和完善的过程中，不同时期的学者基于当时的生产力水平和技术条件，对其特征和内涵做出了各有侧重的阐释。本章的主要任务在于深入分析和总结农业农村现代化的经典理论，为后续探讨共同富裕视角下我国农业农村现代化的具体实现路径提供坚实的理论支撑。

第一节　研究背景和意义

农业农村现代化是农村产业现代化、农村生态现代化、农村文化现代化、乡村治理现代化和农民生活现代化的有机整体。党的二十大报告提出，要"以中国式现代化全面推进中华民族伟大复兴"。中国式现代化是中国共产党领导的社会主义现代化，既有各国现代化的共同特征，更有基于自己国情的中国特色。中国式现代化是人口规模巨大的现代化，是全体人民共同富裕的现代化，是物质文明和精神文明相协调的现代化，是人与自然和谐共生的现代化，是走和平发展道路的现代化。农业农村现代化是中国式现代化的重要组成部分，同时也是社会主义现代化强国的根基，没有农业农村现代化就没有社会主义现代化强国，强国必先强农，只有农业农村现代化才能实现国家的社会主义现代化。共同富裕作为中国式现代化的本质要求，是全体人民都富裕，是人民群众物质生活和精神生活都富裕。习近平总书记在党的二十大报告中指出，全面建设社会主义现代化国家，最艰巨最繁重的任务仍然在农村。农业农村现代化是中国式现代化的弱项和瓶颈，也是实现共同富裕最艰巨的任务。在共同富裕视角下研究农业农村现代化的理论逻辑和实现路径，对于解决我国发展不平衡不充分问题、推动农业农村高质量发展、全面建设社会主义现代化国家具有重要的理论价值和现实意义。

一　农业农村现代化符合世界农业发展的一般规律

纵观世界农业发展历程，农业文明不断演进，大体可分为三个阶段，即传统农业、现代农业和后现代农业。我国也将遵循农业发展的一般规律。当前，在全球气候变化与粮食安全问题交织的背景下，农业农村现代化已经成为各国政府、国际组织及社会各界普遍关注的核心议题。在技术革新与消费升级加速的背景下，全球农业正从传统模式转向现代化和智能化，并呈现出由单一技术升级向系统性变革和协同化发展转型的新趋势。得益于科技进步和农业技术创新，全球农业生产效率提升显著，2024 年 7 月联合国粮食及农业组织（FAO）发布《谷物供求简报》报告，将 2024 年全球谷物产量预报数调至 28.54 亿吨，较 20 世纪初增加近两倍，同时估计 2024～2025 年度全球重要粮食大宗商品的供给充足，全球大米和油籽产量将创历史新高。

世界农业发展也面临着一些挑战，极端天气频发，农业资源约束加剧，同时过度使用化肥、农药等也带来了严重的环境问题，并倒逼全球农业生产方式革新，全球农业转型迫在眉睫。纵观农业发展历史，每一次的重大变革都离不开农业科技和制度创新。当前，新一轮科技革命和产业变革加速演进，以网络化数字化、人工智能为代表的数字经济快速发展，并且加速重构经济发展模式与社会治理形态。全球农业将更加注重科技创新、可持续发展和政策扶持，以适应不断变化的市场需求和全球环境，实现持续、健康的发展。在全球农业转型发展的背景下，智能化技术重塑农业生产范式，物联网、人工智能等技术推动农业生产全流程数字化，农业生产经营通过数字化平台进行对接与整合从而降低产业协作成本，市场需求通过数字化平台得到归集和放大，从而使产业集群化发展、市场数字化扩散、产业链深度拓展延伸成为可能，最终实现规模经济和范围经济。生态友好型农业成为主流发展方向，基因编辑等生物技术广泛应用，循环农业深入推广，全球农业现代化升级转型趋势明显。

二　农业农村现代化是我国农业农村高质量发展的客观需求

马克思认为，超出劳动者个人需要的农业劳动生产率是一切社会的基础，农业劳动是其他劳动得以独立存在的基础和前提。① 改革开放 40 余年来，我国农业农村发展实现了历史性跨越。一是农业生产能力跨越式提升。粮食产量大幅增长，全国粮食总产量由 1978 年的 3.05 亿吨增长为 2024 年的 7.065 亿吨，农产品供给实现多元化，稻谷、小麦、玉米等主粮自给率超过 95%，成功实现了以占世界 8% 的耕地养活 20% 的人口的目标。二是农村经济结构逐步优化。从单一以种植业为主的传统农业转向一二三产业融合发展。改革开放以前，我国农业以种植业为主，改革开放后，尤其是党的十八大以来，深入推进农业供给侧结构性改革，在强农惠农富农政策的推动下，极大地解放了农村社会生产力，产业结构进一步优化，2023 年，农业、林业、畜牧业、渔业、农林牧渔专业及辅助性活动占农林牧渔业总产值比重分别为 54.9%、4.4%、24.6%、10.2% 和 5.9%。三是农民生活水平显著改善。农民人均纯收入从 1978 年的 134 元增至 2023 年的 2.1 万元，增长超 150 倍，城乡居民收入比从 3.13∶1 降至 2.45∶1，2020 年实现 9899 万农村贫困人口全部脱贫。

农业农村现代化的动态演进过程，伴随着工农城乡关系、人与自然关系和农村生产关系等重大关系的循序演变。我国农业农村现代化实践过程中，农业劳动生产率与欧美发达国家相比仍有较大提升空间，农业比较效益低，农产品加工水平和转化增值率依然偏低；粮食增产的同时，我国农业发展的资源和环境约束的结构性矛盾依然突出；居民人均可支配收入、公共服务和基础设施的城乡差距仍旧存在，乡村治理效能不高；农业从业人员存在素质偏低、结构不合理、主体缺乏等问题，对现代农业发展需要的科学技术、经营理念、经营模式等掌握和运用得不够，劳动力专业素质较低和结构性不足，难以满足农业农村现代化发展需求。我国农业农村发展进入转型升级的关

---

① 《资本论》，郭大力、王亚南译，中央编译出版社，2024。

键时期，从现阶段国内外发展形势和我国"大国小农"的基本国情农情出发，努力走出一条具有中国特色的农业农村现代化发展道路，提高农业发展质量和效益，加快农业强国建设步伐，是我国农业农村高质量发展的现实选择。

三 农业农村现代化是中国式现代化的应有之义

党的二十大报告强调，从现在起，中国共产党的中心任务就是团结带领全国各族人民全面建成社会主义现代化强国、实现第二个百年奋斗目标，以中国式现代化全面推进中华民族伟大复兴。中国式现代化是涵盖人口规模巨大、全体人民共同富裕、物质与精神文明协调、人与自然和谐共生等多维目标的系统性工程。"民以食为天"，主导国民经济发展的第二部类产业首先要以第一部类产业的积累和扩大为前提。农业是整个国民经济的基础，承担着保障社会经济发展的基本生活资料供给的重任。没有农业的现代化支撑、农村的繁荣稳定以及农民生活质量的提升，中国式现代化将缺乏完整性和可持续性。当前我国农业农村仍然是现代化建设的薄弱环节，具体表现为农业科技贡献率、机械化水平与国际先进水平存在差距，农业供给侧结构性矛盾与农村发展不充分交织，农民增收压力与素质提升需求并存，城乡基础设施和公共服务不均衡问题突出，加快推进农业农村现代化，既是破解城乡二元结构的关键举措，也是增强国内大循环韧性、应对国际环境不确定性的战略支撑。只有补齐农业农村现代化发展的短板，才能确保中国式现代化长远目标如期达成。

农业农村现代化包含农业全产业链升级、农村全域治理优化和农民全面发展三个维度。农业现代化是改善城乡发展不平衡的产业基础。在制约城乡生产要素自由流动的体制性障碍逐步消除的背景下，推动农业农村高质量发展，关键是要大力发展现代农业，增强农业和农村生产力系统的要素吸纳能力，构建以现代农业为产业基础的新型工农城乡关系，使农业能够参与社会平均利润分配、农民能够获得满足自我发展需要的报酬收益。通过科技创新驱动农业生产方式变革，推广智能农机装备和绿色技术，实现耕地资源高效利用，彻底改造传统农业生产方式，坚持走生产发展、生活富裕、生态良好的道路，农业增长方式由原来的以破坏环境为代价获取经济利益的外延式发展转变为在保护生态环境的同时获取经济利益的可持续发展，为更好地推动中国式现代化提供基础支撑。

四 农业农村现代化是实现共同富裕的必由之路

马克思主义认为，"未来的社会生产将以所有的人富裕为目的"①，不会再有为了一些人的需要而牺牲另一些人的利益的状况，"所有人共同享受大家创造出来的福利"。② 共同富裕是社会主义的本质要求，是中国式现代化的重要特征，是人民对美好生活的共同期盼。习近平总书记在中央财经委员会第十次会议上的讲话指出，我们说的共同富裕是全体人民共同富裕，是人民群众物质生活和精神生活都富裕，不是少数人的富裕，也不是整齐划一的平均主义。是允许有适度差距的共同富裕，而不是搞平均主义的共同富裕。共同富裕涵盖物质与精神的双重富裕，物质层面要求提高生产力水平、保障基本民生需求，如住房、医疗、教育等；精神层面则包括文化繁荣、生态福祉及人的全面发展，是覆盖经济、文化、社会和生态的全结构福祉。当前，我国发展不平衡不充分的问题集中体现在城乡发展不平衡和农村发展不充分上。全面建设社会主义现代化国家，扎实推进共同富裕，最艰巨最繁重的任务仍然在农村，最广泛最深厚的基础在农村，最大的潜力和后劲也在农村。农民农村共同富裕是全体人民共同富裕

① 《马克思恩格斯文集》（第8卷），人民出版社，2009。
② 《马克思恩格斯文集》（第1卷），人民出版社，2009。

的有机组成部分，也是农业现代化的核心目标，对于以中国式现代化全面推进中华民族伟大复兴具有重大意义。

处理好工农关系和城乡关系是推进中国式现代化的重要着力点。我国 14 亿多人口中，有 9 亿多人常住在城镇，近 5 亿人在乡村，农村人口和农业劳动力数量多，第一产业就业比重较高，是我国的特殊国情。只有解决农村劳动力就业的出路，农村才能稳定，整个社会才能稳定和谐。要实现这一目标，就必须加快农业现代化进程，发展富民产业，使农业增产增效、农民增收，稳定农村社会发展的经济基础，改善村容村貌，提高农民素质，切实巩固拓展脱贫攻坚成果，不断增强人民群众的获得感与幸福感，全面实现乡村振兴，形成充满活力、安定有序、人与自然和谐相处的良好局面，这是加快实现全体人民共同富裕的应然选择，也是全面建设社会主义现代化国家、实现共同富裕目标的必由之路。

第二节 国外农业农村现代化理论研究综述

什么是农业农村现代化？农业现代化是指由传统农业转变为现代农业的过程，是一个牵涉面广、综合性强的技术改造和经济发展的历史过程，既是一个历史性概念，也是一个世界性概念。对农业现代化内涵的界定始终是学界关注和研究的热点问题，20 世纪 50 年代至今，基于"任何社会相对于过去的社会而言都是现代社会"的认知，学者从不同的学科视角来界定和解析现代化的内涵，并在实践中不断深化认识，围绕现代化理论研究的是一个国家如何从传统农业社会向现代工业社会或知识经济社会转变。总体上，国外对现代化理论的研究分为三个阶段，20 世纪 50~60 年代为经典现代化理论阶段，包括社会现代化理论、经济现代化理论、政治现代化理论、人的现代化理论、文化现代化理论和比较现代化理论六个分支和结构功能学派、过程学派、行为学派、实证学派、综合学派（历史学派）、未来学派六大学派。学者们聚焦西方现代化模式的普遍性，强调传统社会向现代社会的转变，认为发达国家经验具有示范意义，代表作为帕森斯的《社会系统》、勒纳的《传统社会的消逝：中东现代化》、艾森斯塔德的《现代化：抗拒与变迁》。20世纪60~70年代为修正与多元视角阶段，学术界开始关注现代化进程的阶段性特征，以罗斯托的《经济成长的阶段》为代表。同时，随着发展中国家的参与，理论出现分化，认为发展中国家对发达国家存在依附关系，代表人物为普雷维什和沃勒斯坦。20世纪70年代为全球化与本土化融合阶段，这一阶段的研究强调现代性来源的多源性，探讨了现代化路径的多样性。

一　舒尔茨的改造传统农业理论

舒尔茨认为，发展中国家的经济增长有赖于农业的稳定增长，而传统农业不具稳定增长的能力，出路就在于把传统农业改造为现代农业，即实现农业现代化。20世纪60年代，舒尔茨在《改造传统农业》中提出改造传统农业的关键是要引进新的现代农业生产要素，而技术变化就是促进经济增长的关键因素。为了讨论如何将现代生产要素引入传统农业，下文从三个方面进行了阐述。

（一）强化适合传统农业改造的制度和技术保障

舒尔茨提出，改造传统农业一方面要有制度保障，另一方面更要有"技术变化"作为支撑。就制度来说，主要存在两种方式：计划方式和市场方式，前者依靠国家权力来组织农业生产、分配、交换和消费；后者依靠市场机制调动新的农业要素投资，后者的效率要远远高于前者。就技术而言，它是改造传统农业的关键，不仅要寻找特殊的新的生产要素，而且需要寻找传统农民能够接受的新的生产方式，也就是需要从供给和需求两方面探求新的现代农业生产要素。

（二）从供给和需求两方面为引进现代生产要素创造条件

通过对新生产要素供给方作用和行为的分析，舒尔茨提出，供给者是发现、发展新生产要素，并且使农民能够得到并使用这些生产要素的人或机构。他们在传统农业改造中起着至关重要的作用。一般来说，通过有效的非营利方法，不发达国家可以引进外国资本和技术，鼓励公益性农业技术推广组织，如农业推广站有效地推广和配置新生产要素。同时，舒尔茨对新生产要素需求者的作用和行为进行了分析，传统农民能否接受新生产要素主要看其是否能获利。如果农民用于维持生计的某种农作物在新生产要素加持下产量有所增加，这就是有利的，更容易被需求者所接受。

（三）对农民进行人力资本投资

舒尔茨认为，引进新的生产要素，不仅要引进杂交种子、机械这些物的要素，还要引进掌握现代科学知识、能运用新生产要素的人。各种历史资料都表明，农民的技能和知识水平与其生产率之间存在较强的正相关关系，因此对人力资本的投资是非常重要的。人力资本投资形式各种各样，包括教育、在职培训及提高健康水平等。其中，教育是长期有效的形式，也是尤为重要的形式。

二　农业发展阶段理论

按照农业技术性质，美国康奈尔大学农业经济系教授约翰·梅尔把传统农业向现代农业的转变过程划分为传统农业、低资本技术农业和高资本技术农业三个阶段，提出在自然资源、经济条件和文化传统等方面存在差异的国家和地区，应选择差异化的现代农业发展道路。

（一）传统农业阶段

在第一阶段，农业技术发展基本上是停滞的，农业生产的增长取决于传统要素供给的增加。在这一阶段，农业生产尽管会有所增长，但由于技术停滞，必然伴随着人均收入和土地生产率的下降。这就意味着传统农业阶段的生产增长是通过降低单位投入来实现的。当然，在这个阶段，某些具有动态的技术和体制变化也可能发生。但是，当这些变化孤立地被引入传统农业体系时，它们对生产率的影响通常是微小的，几乎不可能引致生产率的持续变化。

（二）低资本技术农业阶段

在第二阶段，农业对经济全面发展起到关键的作用，具有五个特征：一是农业在整个经济体量中占很大比例；二是由于人口效应和收入效应两方面的作用，农产品需求急剧上升；三是工业发展资本稀缺，投资报酬率随之提高；四是经济转型速度的限制和人口增长的压力阻碍了农场规模的扩大；五是劳动力—土地的比例关系极大地限制了农业机械的使用。因此，这个阶段的农业发展主要依赖劳动密集型或资本节约型的技术创新，且以提高土地生产率为重点。

（三）高资本技术农业阶段

在第三阶段，农业部门的相对重要性大大下降，非农产业部门的资本积累已经足以支持其迅速发展；资本变得越来越充裕，资本在农业部门的应用也日益集约化；作为非农业部门扩张的结果，人地比例逐渐下降，农场平均规模扩大；劳动力成本越来越高，用机器代替劳动力可以节约农业生产成本。因此，第三阶段农业发展的基本特征是资本以大型机械的形式替代劳动力。劳动节约型的大型机械和其他资本密集型技术不断被运用到农业生产中，劳动生产率持续增长。在这个阶段，生物科学技术研究也促使单位土地面积和单位牲畜产量提高，同时推动劳动生产率提高。

三 诱致性技术创新理论

日本著名的农业经济学家速水佑次郎和美国农业经济学家弗农·拉坦，通过把技术变革视为内生变量（主要由相对资源禀赋和需求增长的变化引起），成功地解释了在自然资源给定的条件下技术生成与变化的方向，并通过把制度作为资源禀赋变化和技术变迁的一种经济反映，提出了有关制度创新和扩散的观点。

在农业发展的诱致性技术创新理论中，最重要的两个因素是技术和制度，而诱致性技术则是该模型的核心概念。该理论假定，一种要素相对价格的提高，会引发关于该要素的技术创新。该理论的实质是：假定没有市场信息不对称，生产要素相对价格将反映生产要素相对稀缺性的变化，农民偏向于使用能提高生产率的技术。同时，技术变革本身也能够改变要素禀赋的性质。不仅如此，技术还有助于对稀缺要素（如土地）的深度开发从而在一定程度上改变其稀缺性。

在此基础上，速水佑次郎和拉坦进一步阐明了技术变迁与制度变迁之间的辩证关系。他们把制度结构的变化分为由资源禀赋的变化引起的和由技术进步引起的两种类型，认为在许多国家中制度变迁是由要素价格变化反映出的资源禀赋状况决定的。例如，人口密度的增加，使农村土地的所有制关系和使用土地的制度发生了变化。此外，与技术进步有关的新生产方法、新产品等，更是常常引起制度变迁，对于这一点，大量的各国截面数据和历史数据都给出了明确的证明，为不同资源禀赋和制度的国家制定促进农业增长的政策与规划提供了决策支撑。

第三节　国内农业农村现代化理论研究综述

我国农业发展历史悠久，且地区差异明显。早在新中国成立初期，我国就提出了农业现代化发展目标。在农业农村现代化的实践过程中，国内学者针对农业现代化的内涵、评价指标体系、发展模式和实现路径开展了深入、系统的研究，取得了丰富的成果。

一　农业农村现代化的内涵

社会生产力和科学技术水平的差异，导致对农业现代化内涵的理

11

解各异。20 世纪 50～60 年代，学术界以"四化"即机械化、电气化、水利化和化肥化来概括农业现代化的内涵，从农业技术和生产方式变革的角度理解农业现代化，实际上是农业生产现代化或农业生产过程现代化。20 世纪 70 年代末至 80 年代中期，学术界对农业现代化内涵的研究进一步拓展，延伸至经营管理现代化，有些学者认为，农业现代化的本质是科学化，农业的生产和管理应逐步建立在生态科学、系统科学、生物科学、经济科学和社会科学的基础上。具有代表性的观点是 1984 年由《中国农业经济学》编写组提出的，所谓农业现代化，就是要把农业建立在现代科学的基础上，用现代科学技术和现代工业来装备农业，用经济管理科学来管理农业，把传统农业变为具有当代世界水平的现代农业，即生产技术科学化、生产工具机械化、生产组织社会化、管理上的多功能系列化。20 世纪 80 年代中期至 90 年代初期，在全面推行改革开放、建立市场经济新体制、农业和农村经济持续高速增长的背景下，我国学者广泛吸收国内外发展经验，对农业现代化内涵的理解更为深入，认为应该从科学化、集约化、社会化和商品化等维度来阐述农业现代化的内涵和特征，现代科技（尤其是生物技术）、现代装备、现代管理、现代农民也是农业现代化内涵的重要方面，生态农业或可持续发展农业才是真正意义上的农业现代化。20 世纪 90 年代初期至中期，随着社会主义市场经济体制的建立和不断完善，农业富余劳动力由农村向城镇和由第一产业向第二、第三产业转移，农业现代化的内涵拓展至商品化、技术化、产业化、社会化、生态化等多方面变革的集合体。这是从农业发展的基本要素、经营方式和组织制度变革的角度来理解现代农业和农业现代化。20 世纪 90 年代后期以来，随着农业在国民经济中所占比重下降，加入 WTO 后国内外农产品市场竞争激烈，学术界认为研究农业现代化就应跳出农业、立足整体国民经济，并且要适应经济全球化的要求，从世界经济的角度研究我国的农业现代化问题。进入 21 世纪，随着我国农业进入新的发展阶段，国内学者对农业现代化内涵有了新的认识。蒋和平（2007）认为，所谓现代农业，实质上是指在国民经济中具有较高的农业生产能力和较强竞争能力的现代产业，是不断引进新的生产要素和先进经营管理方式，用现代科技、现代工业产品、现代组织制度和管理方法来经营的科学化、集约化、市场化、生态化的农业，是保护生态平衡和可持续发展的农业。

2017年党的十九大报告提出，加快推进农业农村现代化，关于农业农村现代化内涵的研究成为学术界关注的热点问题。部分学者从农业现代化和农村现代化两个维度展开研究，陆益龙（2018）认为农业现代化是通过农业变革，实现农业的生产效率和经济效益的提升；农村现代化是乡村主体性的维续和乡村新的发展。多数学者认为农业现代化和农村现代化是有机统一的整体，蒋永穆（2020）认为，中国"三农"发展进入新时期的标志就是农村现代化概念的提出。魏后凯（2021）认为，农业现代化是农村现代化的基础和前提，农村现代化是农业现代化的依托和支撑。农业现代化是从行业角度界定的关于变传统农业为现代农业的过程，而农村现代化则是从地域角度界定的关于变农村落后为发达并实现强富美的过程。叶兴庆等（2021）把新发展阶段农业农村现代化的内涵概括为"六化"，即农业产业体系现代化、农业生产体系现代化、农业经营体系现代化、农村基础设施和公共服务现代化、农村居民思想观念和生活质量现代化、农村治理体系和治理能力现代化。杜志雄（2021）认为农业农村现代化是农业现代化与农村现代化的有机耦合，农业现代化是实现农村现代化的物质基础，只有农业实现生产经营管理现代化，才能为农村现代化提供丰富的物质资料。

二 关于农业农村现代化评价的研究

随着农业农村现代化实践和研究的不断深入，建立评价体系，科学评价不同时期不同地区的农业农村现代化进展成为学术界关注的热点。不同学者结合我国经济社会发展特征，构建了具有普适性的农业农村现代化评价指标体系和评价方法。

（一）农业农村现代化评价指标体系研究

程智强等（2003）从农业可持续发展水平和农业生产力水平两个维度选取机械化、水利化等10项指标，构建测评指标体系，定量分析我国农业现代化发展情况。谭爱花（2011）从农业现代化发展的内涵和外延出发，构建由3个子系统和30个具体指标组成的农业现代化发展水平测评指标体系。杨少垒（2013）从农村经济社会发展、农业产业结构、农业生产能力和农业生态环境四个维度出发，构建农业现代化发展水平测评指标体系。杜宇能（2018）参考农业农村部对农业现代化发展示范区发展水平的测量体系，构建农业现代化发展水平评价指标体系，并对比测评了我国各省份的农业现代化发展水平。陈江涛等（2018）从农业生产效率、农村基础设施、农民生活水平和农业生态环保四个方面构建农业现代化发展水平测评指标体系。

祝志川等（2018）从农业经济效益与科技水平、新农村建设、农民生活保障和农业生态环境等维度构建中国农业农村现代化发展指标体系。覃诚等（2022）根据农业农村现代化的内涵，从农业现代化和农村现代化两个维度出发，构建包括农业经营现代化、农业产出现代化、农业绿色现代化、农业支持现代化、农村基础设施现代化、农村社会发展现代化、农村生态现代化、农民生活现代化和农业生产现代化的评价指标体系。姜长云等（2021）从高质量发展、高品质生活、坚持底线思维三个维度，兼顾推进农业现代化、农村现代化、农民现代化或农业农村经济建设、政治建设、文化建设、社会建设、生态文明建设"五位一体"等视角，构建农业农村现代化评价指标体系。

（二）农业农村现代化评价方法研究

随着农业农村现代化实践和研究的不断深入，建立评价体系，科学评价不同时期不同地区的农业农村现代化水平成为学术界关注的热点。在对农业农村现代化发展评价指标体系进行充分的讨论之后，运用哪些实证研究和数量工具对农业农村现代化发展水平进行量化分析成为研究的重点。通过对已有文献的梳理，总结出国内常见的评价方法有以下三种。

1. 多指标综合测度法

通过对文献的梳理发现，评估农业农村现代化发展水平时，使用最多的方法是构建多级分层的发展水平评价指标体系，运用加权法计算分层和整体发展水平。刘璐等（2023）借助多指标综合测度法、空间自相关分析法以及障碍因子测度模型，测算了我国区域农业农村现代化发展水平。

2. 模型法

运用计量模型对农业农村现代化发展水平进行测评，常用的数学模型有主成分数学模型、模糊综合评价模型和 DEA 模型。李丽纯（2013）运用灰色关联法，对我国 1981~2010 年的农业农村现代化发展水平和发展趋势进行了实证研究，认为我国的农业农村现代化逐渐步入以高效益为典型特征的发展阶段。

3. 动态因子法

张应武等（2019）引入动态因子分析法对样本期间全国 30 个省份农业农村现代化发展水平及其变化趋势进行测算和预测，实现动态分析体系下的横向比较和纵向追踪的结合。

三 关于农业农村现代化实现道路的研究

借鉴发达国家和发展中国家推进农业农村现代化的成功经验，遵循全球农业发展的基本规律，立足于我国农业农村发展基础条件和基本国情，提出推进我国农业农村现代化的实现路径，努力走出一条具有中国特色的农业农村现代化发展道路，是国内学术界关注的重点。农业部课题组（2005）认为，建设现代农业、实现农业现代化的基本途径：①培育生产经营主体，提高农业产业化水平。②加快农业结构调整，构建现代农业产业体系。③建立健全技术支持和服务体系，加快农业科技创新与成果转化应用。④建立健全农产品质量安全保障体系，提高农产品质量安全水平。⑤健全现代农业保障体系，切实加强对农业的支持和保护。⑥提高农业劳动者素质，增强农民自我发展能力。⑦加强基础设施建设，提高农业综合生产能力和防灾能力。张晓山（2007）认为，发展现代农业，应走内涵式规模经营道路，通过增加物质和技术的投入，降低劳动投入比重，生产高附加值的农产品，推动产出大幅增长，同时提高劳动生产率，增加收入，这也是内涵式与集约化经营相结合的规模经营。我国幅员辽阔，各区域地貌、资源、气候和生产习惯差异很大，农业生产呈现出明显的区域特征，形成了东部、中部和西部三个不同发展水平的经济地带。农业农村现代化建设必须坚持因地制宜，分类指导，突出重点。牛若峰（2001）指出中国各地区自然条件有差异，经济社会发展不平衡，农业现代化是一个很长的发展过程。由于各地区经济发展不平衡和农业改造程度不同，农业现代化不可能同步，只能分地区、分阶段实施，差别前进，多种模式，分类指导。

2017 年党的十九大报告提出，要加快推进农业农村现代化，学术界普遍认为农业农村现代化是有机统一的整体，要整体推进，并总结出科技驱动型、市场导向型、政府推动型等发展模式。王兴国（2023）认为农业农村现代化是二者的有机结合，农业现代化为农村现代化奠定了农业高质量发展的基础，而农村现代化为农业现代化提供了有力支撑。要完善农业基础设施、补齐农业农村现代化的短板；保护农业生态环境，坚持走环境友好型的现代农业之路；要推进农业标准化生产，推动集体经济发展和农民收入增加。庆天慧、王克东（2024）提出要以新质生产力为引领，大力提升前沿农业科技水平，布局和构建现代农业产业体系，全面推进农业农村数字化，创新农业农村要素配置方式，培育和发展新质生产力，为农业农村高质量发展注入新活力新动能。匡远配（2024）认为农业农村现代化是整个国家现代化的根基。锚定建设农业强国目标，不断深化农业农村改革，提升资源配置效率，持续激活要素市场，并增强参与国际市场的能力，从而促进农业农村现代化，为其他发展中国家提供农业农村现代化的中国样板。

第二章　共同富裕视角下农业农村现代化的理论基础

研究共同富裕视角下的农业农村现代化，具有多维度的时代价值与现实意义，从理论层面，深化了马克思主义关于"三农"问题论述的中国化阐释，完善了中国特色社会主义政治经济学理论体系，为破解城乡二元结构、实现城乡融合发展提供了理论支撑；从实践维度，有助于破解区域发展不平衡不充分问题，通过构建现代农业产业体系、完善乡村治理机制、培育新型职业农民等路径，为实现共同富裕提供物质基础和制度保障。

改革开放40多年来，我国农业农村发展取得了举世瞩目的成就，强有力地支撑了国民经济社会发展，农产品供给由长期短缺转向总量基本平衡、丰年有余，农业综合生产能力不断提升；农民收入持续增长，生活水平显著提高；乡村建设有序推进，农村面貌全面提升。目前，我国农业正处于传统农业向现代农业变迁的关键时期。在新的历史条件下，探讨农业农村现代化的内涵及其相关特征和类型，把握推进农业农村现代化的着力点，对于顺应农业农村发展一般规律和历史趋势，破解发展难题，厚植发展优势，着力构建现代农业产业体系、生产体系、经营体系，推动我国农业农村高质量发展，建设农业强国，实现共同富裕，都具有重大的理论和实践意义。

农业农村现代化是融合了产业升级、生态保护、治理创新、城乡协调等多重目标的动态系统性工程，随着时代的前进、社会的进步、科学技术的发展，农业农村现代化的内涵和特征不断丰富。本章在回顾我国农业农村现代化思想演进的基础上，从农业产业、农村生态、乡村文化、乡村治理和农民生活五个方面归纳了农业农村现代化的具体内涵，并提出了共同富裕视角下农业农村现代化的特征：实现共同富裕的目标特征、小农户与现代农业有机衔接的主体特征、新质生产力为引擎的产业特征、全面绿色转型的发展模式特征、体系和能力现代化的治理特征，为探索符合我国国情的农业农村现代化道路提供支撑。

第一节　农业农村现代化的科学内涵

农业农村现代化是中国式现代化的重要组成部分，根植于国情需求与历史实践，经历了从生产关系调整到系统性战略部署的演进，核心目标是实现农业强、农村美、农民富的协同发展。农业农村现代化是一个动态的、相对的概念。随着时代的前进、社会的进步、科学技术的发展，农业农村现代化的内涵和特征丰富。

一　农业农村现代化的提出

农业农村现代化的提出具有深刻的历史积淀与政策延续性。自新中国成立以来，农业现代化始终是国家发展战略的重要组成部分。1954 年，第一届全国人大首次提出建设"现代化农业"，确立了农业现代化的战略地位；1964 年第三届全国人大进一步提出建设"现代农业"的社会主义强国目标，奠定了以农业支撑工业化的基础框架。改革开放后，家庭联产承包责任制释放了农村生产力，2005 年"建设社会主义新农村"的提出，标志着农村现代化被正式纳入国家政策体系。党的十八大以来，我国将农业农村现代化置于中国式现代化全局中谋划，形成了全面乡村振兴与农业强国建设的战略布局。2017年，党的十九大报告将农业现代化扩展到农业农村现代化，提出要"加快推进农业农村现代化"。党的二十大报告首次系统阐释了"中国式现代化"，农业农村现代化是中国式现代化的重要内容。为解决发展不平衡不充分问题、推动农业农村高质量发展提供了战略指引。

农业农村现代化是发展新形势新任务的战略要求。人多地少是我国农业资源禀赋约束的突出表现。第三次全国国土调查显示，人均耕地下降为 1.36 亩，不足世界平均水平的 40%。同时，家庭联产承包责任制推行后，在广大农村形成了以农户为经营单位的小规模经济，农户生产经营规模小而分散。这些年，通过发展农业产业化，探索出了在农户小规模生产基础上实现农业集约化经营的途径，但小农户与大市场的有效联结机制不完善，龙头企业和农民专业合作社带动农户的能力还较弱，利益联结机制有待完善。随着生活水平的提高，居民消费结构不断升级，对生态环境和农产品质量安全要求更高，迫切需要加快转变农业发展方式。国际农产品贸易市场波动加剧了粮食安全风险，化肥农药过度使用引发的面源污染问题亟待改善，这些结构性矛盾倒逼我国必须走符合新形势和新任务的农业农村现代化道路。

农业农村现代化是推进乡村全面振兴的核心内容。随着我国现代化建设的深入推进和人民生活水平的不断提高，农业农村的功能不断拓展、效用不断延伸、内涵不断丰富，担负的任务也越来越重。从战略定位看，乡村振兴作为新时代"三农"工作总抓手，其"产业兴旺、生态宜居、乡风文明、治理有效、生活富裕"20字方针，与农业农村现代化"产业体系、生产体系、经营体系""三位一体"建设形成价值耦合，共同指向中国式现代化的底层逻辑，二者的发展目标统一，实施路径互补，制度创新协同。脱贫攻坚与乡村振兴有效衔接，新型职业农民培育体系的构建，以及数字技术对传统农业的改造，共同指向"农业强、农村美、农民富"的核心目标，这是社会主义本质要求在农业农村领域的核心内容和具体实践。

农业农村现代化是对全球农业变革的时代应答。农业农村现代化是对世界农业发展趋势的积极回应。全球农业将面临前所未有的变革。在全球气候变化加剧、人口增长与资源短缺日益加重、科技创新加速渗透的大背景下，全球农业加速从传统模式转向智能化、生态化和全球化。在新一轮科技革命和产业变革加速推进的背景下，数字技术和数据要素作为新型生产要素，已经广泛地融入生产、分配、交换和消费等经济社会环节，并且深刻改变着社会生产、生活和治理方式，数字农业、数字乡村建设加快推进。基因编辑与合成生物学等生物技术的发展，再生农业和循环经济的发展，推进了可持续农业的兴起和发展。应对世界农业变革趋势，我国的农业农村现代化探索之路为发展中国家提供了现代化样本，为全球农业现代化贡献了中国方案。

二　农业农村现代化的内涵

农业农村现代化是新时代乡村振兴战略的核心目标，也是中国式现代化的重要组成部分。其内涵并非传统农业现代化的简单延伸，而是融合了产业升级、生态保护、治理创新、城乡协调等多重目标的系统性工程。其本质上是生产力和生产关系在乡村场域的重构，既需要现代科技的物质支撑，更依赖制度创新的软环境培育。从"农业现代化"到"农业农村现代化"的转变，是对我国农村生产力发展规律与生产关系调整认知的不断深化。农村生产力与生产关系的矛盾运动是农业农村现代化的核心动力，农业现代化发展水平是农业农村工作的物质基础，同时，农村生产关系也会影响农村生产力的发展和进步。只有当农村生产关系与生产力的发展要求相适应时，才会形成"生产力突破—制度适配—反哺升级"的良性循环。

农业农村现代化不是简单的农业现代化加农村现代化，而是二者的耦合共生、融合互补和协调互动。二者既存在内涵差异又具有协同共生关系，需通过融合发展实现动态平衡。农业现代化以产业升级为核心，其特征表现为：生产主体规模化、生产机械化、加工工业化、产品品牌化、产业融合化与组织化，为农村现代化提供物质基础，发展高效农业释放经济动能，支撑基础设施建设和公共服务提升。农村现代化是地域性综合升级，涵盖非农产业、基础设施、公共服务、生态环境、乡村治理及农民素质现代化，强调"让农民就地过上现代文明生活"，更侧重于社会系统重构，其创新性在于将农民现代化纳入核心范畴，突破传统单一经济视角。农村现代化为农业现代化创造要素条件，通过改善人居环境、培育新农人、优化营商环境吸引现代生产要素。农业农村现代化的科学内涵丰富，具体包括以下五个方面。

（一）农业产业现代化

农业产业现代化，是指在国民经济中具有较高水平的农业生产能力和较强竞争能力的现代产业，能够不断引进新的生产要素和先进经营管理方式，用现代科技、现代工业产品、现代组织制度和管理方法来经营的科学化、集约化、市场化、社会化、标准化和生态化的农业，是保护生态平衡和可持续发展的农业。它既包含有综合生产能力的提升，生产体系的完善，广泛应用现代科学技术、现代工业提供的生产资料、设施装备和现代科学管理方法，又包含有现代农业制度的创新，不断提高农业劳动生产率、土地生产率和农业的综合生产能力，是具有较强农业生产能力和竞争能力的现代产业。

（二）农村生态现代化

农村生态现代化是以生态文明理念为核心，通过技术创新、制度变革和模式创新，实现农业生产、农村环境与生态系统的协调可持续发展。农业是对自然资源高度依赖的产业，农业的产出要依赖于对自然资源一定量的消耗。传统农业为追求数量目标，有时不惜大量的耗费资源，如对土地的广种薄收、播种时的人工撒种、灌溉时的大水漫灌、施肥时的大量使用化肥等。这些都会造成自然资源的巨大浪费和生态环境的污染与破坏。现代农业则强调最大限度地节省资源，重视环境保护和生态平衡，追求以最少的资源耗费获得最大的优质产出和高效益，以保持农业的可持续发展。生态农业、节水农业、有机农业、无公害农业、绿色农业等都是我国可持续农业的主要表现形式。

（三）乡村文化现代化

乡村文化现代化是以传统农耕文明为基础，通过现代科技、制度创新和产业运作，对传统文化进行创新性继承与发展，推动乡村文化从内容形态、传播方式到治理模式的系统性升级，将乡村文化转化为文化产品和服务，满足城乡居民日益增长的文化需求，并最终实现城乡居民精神生活丰富化、文化传承创新化与城乡文明协调化的动态过程。其核心在于传统性与现代性的辩证统一，既保留乡土文化根脉，又融入现代文明要素。

（四）乡村治理现代化

乡村治理现代化是乡村振兴的制度基础，是以国家治理现代化为指引，通过制度创新、技术赋能和多元共治，重构乡村治理体系与治理能力，实现从"管理型"向"服务型"治理的跨越。其核心在于治理理念科学化、治理主体多元化、治理手段法治化与治理效能可持续化，旨在破解城乡二元结构矛盾，推动乡村社会和谐稳定与可持续发展。

（五）农民生活现代化

农村现代化不仅包括"物"的现代化，也包括"人"的现代化，农民生活现代化是指农民在物质条件、精神文化、社会关系及生活方式等方面突破传统乡村模式，逐步与现代社会接轨的转型过程。其核心在于通过科技、政策、文化等综合手段，实现农民生活质量和个人素质的全面提升。并且在全面推进乡村振兴的过程中，坚持农民主体地位，不断增强农村居民参与乡村振兴的能力和内生动力，最终实现"人的现代化"与乡村振兴的协同发展。

三　共同富裕与农业农村现代化的关系

共同富裕是农业农村现代化的长期目标。中国式现代化的五个重要特征之一是"全体人民共同富裕的现代化"。农民农村共同富裕是实现全体人民共同富裕这一战略目标的重要组成部分，与农业农村现代化密不可分。共同富裕作为中国式现代化的核心特征，与农业农村现代化存在深层次的内在关联。二者既是目标与路径的统一，也是物质与精神的协同发展。农业农村现代化不仅追求粮食安全与农业产值提升，更强调农民收入增长、公共服务均等化和文化振兴。共同富裕的三大维度分别是物质丰裕、生态宜居和精神富足。二者的目标内涵有机统一，都强调从"农业强"到"农民富"的系统升级。

农业农村现代化是实现共同富裕的理论应然。农业农村现代化与共同富裕在理论逻辑上具有深层次的应然性关联，这种关联体现在目标统一性、制度优越性、要素整合性和系统协同性四个维度。生产力和生产关系的矛盾运动是推动社会发展的根本动力。生产力推动生产关系，而生产关系适应生产力并推动生产力的发展。农业现代化以产业升级为核心，为农村现代化提供物质基础，农村现代化为农业现代化创造要素条件。农业农村现代化作为共同富裕的"理论应然"，根植于社会主义制度的优越性、发展目标的统一性以及系统变革的协同性。其本质是通过生产力跃升、制度创新和文化重塑，构建城乡共生共荣的新发展范式，最终实现"全体人民共享现代化成果"的终极价值目标。

农业农村现代化是实现共同富裕的实践必然。为了推动农业生产方式由传统的粗放式发展向现代化、科技化、智能化的方向转变，加强农村基础设施建设，加快推动城市资本、人才、技术下乡，构建城乡要素双向平等、合理流动的新格局，发展乡村富民产业，是实现农民农村共同富裕的关键路径。农业农村现代化旨在通过引入先进技术、现代装备和管理理念，提高农业生产效率，改善乡村面貌，提升农民生活品质，促进农业全面升级、乡村全面进步、农民全面发展，二者的实践路径协同，农业农村现代化是实现农民农村共同富裕的实践必然。

第二节　农业农村现代化的思想演进

我国农业农村现代化思想经历了从不完善到逐步完善的过程，具体可以划分为四个阶段。

一　学习借鉴阶段（1949～1978年）：明确农业现代化的战略地位

这一时期的农业现代化以农业合作化思想为核心。新中国成立之初，百废待兴，党和政府主要致力于恢复国民经济，开展了以恢复生产、保障供给为目标的农业社会主义改造运动，同时推进以机械化、化肥化、水利化、电气化为主要内容的农业现代化。20世纪50年代我国主要从三个方面推进农业现代化：一是选育和推广良种；二是大力兴办农业科教事业，逐步建立全国农业技术推广体系；三是动员农民群众，向劳动模范学习农业生产经验和技术。这期间我国农业取得了举世瞩目的成绩，既为社会提供了大量农产品，为社会安定做出了积极贡献，也为开展现代农业建设创造了条件。20世纪60年代和70年代推进现代农业建设主要集中在两个方面：一方面是加快农业设备的技术改造，另一方面是加强农田水利的基础设施建设。总的来说，这段时期我国主要是从农业技术和生产方式变革的角度来理解农业现代化，现代农业的建设主要聚焦改善生产手段和生产条件，涉及大规模水利工程、农田基本建设工程、农业机械化。

20世纪50~60年代，以"四化"即机械化、电气化、水利化和化肥化来概括农业现代化的内涵。20世纪70年代末至80年代中期，我国农业经济理论界提出农业现代化的本质是科学化，即使农业的生产和管理逐步建立在生态科学、系统科学、生物科学、经济科学和社会科学的基础上。

二 市场化探索阶段（1978~2002年）：制度创新激活农村活力

改革开放实行家庭联产承包责任制后，我国的农业现代化建设进入了重视制度改革和物质投入，优化农业结构，重视发展农业科技教育，引进现代生产要素，追求经济效益的探索发展时期。建设农业现代化的思想进一步丰富，主要体现在以下三个方面。

（一）农村政策改革思想

农业发展必须依靠政策。只有通过制订符合农村发展实际，特别是符合群众意愿的政策措施，才能充分调动农民生产的积极性和主动性。要适应生产力发展的要求，积极改革生产关系，废除人民公社旧体制，建立以家庭承包经营为基础、统分结合的双层经营体制。这是我国农村经济体制的一次重大变革，是我国农民的伟大创造，它极大地释放了农村潜在生产力，激发了农民的积极性，促进了农业的快速发展。

（二）科技兴农战略思想

必须始终坚持把科技兴农放在农业发展的首要地位。农业发展的根本出路在于科学与教育，农业现代化的实现必须靠科技和教育。要用先进科技改造传统农业，并不断推进农业科技创新，提高农业的集约经营水平和综合生产力，尽快缩小我国农业科技同国际先进水平的差距。要更加重视科技推广，加强科学技术普及工作。同时要加强教育，积极培育新型农民，只有新型农民才能更好地掌握现代生产科技，并将其有效地运用于农业生产中，进而更好地推进农业现代化进程。

（三）农业产业化经营战略思想

在稳定家庭联产承包经营体制的基础上促进农业产业化经营的具体途径是发展农村专业合作经济组织，以期逐步缓解农产品小生产与大市场的矛盾。农村专业合作经济组织能够在发挥家庭生产积极性与优越性的同时，避免家庭分散生产所带来的弊端。具体而言，家庭分散生产虽然降低了监督成本，但大大增加了市场交易费用，使得小生产与大市场的矛盾不断凸显；而通过发展农村专业合作经济组织来实现农业产业化经营，就可以在发挥家庭分散生产优越性的同时，提高分散农户的组织化程度，增强其作为一个整体的市场谈判和博弈力量，从而有效地降低市场交易费用，在一定程度上缓解小生产与大市场的矛盾，促进农业的健康、持续发展。

三　统筹发展阶段（2003～2012年）：走中国特色农业现代化道路

这一时期，始终立足于我国正处于社会主义初级阶段的基本国情，坚持不懈地发展农村生产力，走中国特色农业现代化道路。一是明确提出新时期指导"三农"工作的战略思想。把解决好"三农"问题作为全党工作重中之重的基本要求，提出统筹城乡发展的基本方略，作出我国总体上处于以工促农、以城带乡发展阶段的基本判断，制定工业反哺农业、城市支持农村和多予少取放活的基本方针，明确建设社会主义新农村和发展现代农业的基本任务。二是坚持把发展农业生产力作为首要任务。围绕粮食增产、农业增效、农民增收采取一系列重大举措，为促进农村经济社会全面发展奠定坚实的物质基础。三是坚持在宏观调控中加强和保护农业。中央坚持松紧适度，有保有压，在宏观调控中始终坚持加强和保护农业，强化对农业基础设施建设的支持政策，实行对农村社会事业发展的促进政策，逐步形成新时期保护和支持农业的政策体系框架。四是坚持推进农业增长方式转变。始终把转变农业增长方式作为提高农业综合生产力、强化农业基础地位的重大举措。紧紧把推进科技进步作为实现农业增长方式转变的关键环节，把发展资源节约型、环境友好型农业作为实现农业增长方式转变的重要途径，为农业农村经济可持续发展奠定坚实的基础。五是坚持创新农业体制机制。始终坚持把调动农民的积极性、创造性作为改革创新的出发点和落脚点，大力推进农业体制机制创新，为农业农村发展提供动力源泉。

四 新时代深化阶段（2012年至今）：推进中国式现代化进程

农业农村现代化是在新时代背景下提出的重大战略决策，旨在推动农业全面升级、农村全面进步、农民全面发展。党的十八大以来，党中央高度重视"三农"问题，作出了将农业现代化和农村现代化一并设计、一体推进的重大战略决策。党的二十大报告明确提出加快建设农业强国的目标，标志着中国式农业农村现代化进入了新的发展阶段，并强调全面推进乡村振兴，坚持农业农村优先发展。2024年中央一号文件聚焦农业农村现代化，提出以加快农业农村现代化更好推进中国式现代化建设的目标。农业农村现代化对于加快推进中国式现代化进程而言意义重大，运用现代化农业科技和先进技术，提高农业生产效率，降低生产成本，提高农产品的品质和产量；创造更多就业机会，提高农民收入水平，缩小城乡收入差距，改善农村经济状况，增加农村经济的综合效益，提升农村居民的生活质量；创造更多的社会价值，促进农村社会稳定，逐渐形成以农民为主体的现代化生产要素和生产方式，促进农民自主参与、共建共享；推动城乡融合发展，促进城市与农村的协调发展，改善农村交通、能源、信息等基础设施，提升农村综合服务能力。农业农村现代化不仅关乎国家粮食安全与农民增收，也是实现乡村振兴、促进社会经济全面发展的重要途径。

第三节　农业农村现代化的基本特征

加快农业农村现代化是全面推进中国式现代化的基础和重要内容。我国的农业农村现代化是基于我国基本国情农情和发展阶段的系统性变革，是在共同富裕导向下农业、农村、农民"三位一体"的协同发展，涵盖农业生产方式现代化（机械化、智能化）、农村治理体系现代化（自治法治德治融合）和农民主体素质现代化（新型职业农民培育），形成产业、生态、文化、治理与生活现代化的有机整体。中国式现代化进程中，我国的农业农村现代化既有世界各国农业农村现代化的共同特征，更有基于自身国情的中国特色。

一　目标特征：以实现共同富裕为目标

农业农村现代化是涵盖农业、农村、农民现代化的整体过程，强调农业产业体系、生产体系、经营体系的协同升级，以及农村物质文明、政治文明、精神文明、社会文明、生态文明的全面提升。以"粮食稳、农业强、农村美、农民富、城乡融"为多元目标，既要保障粮食安全，又要实现农村生态宜居、产业兴旺，最终缩小城乡差距。共同富裕凸显了中国式现代化的社会主义性质，包括物质生活和精神生活的共同富裕，还包括精神文化、生态环境、社会公平等维度的全面提升。其核心在于通过高质量发展实现全体人民生活水平、精神境界和社会福利的均衡提升，而非简单追求收入平均化。农民农村共同富裕是实现全体人民共同富裕这一战略目标的重要组成部分，与农业农村现代化密不可分。农业农村现代化的核心任务（农业强、农村美、农民富、城乡融）与共同富裕的"富裕"与"共同"内涵高度统一。通过科技赋能农业、基础设施延伸覆盖、公共服务均等化等手段，推进农业强、农村美、农民富，既实现"物"的现代化，又实现"人"的现代化，并最终实现农民农村的共同富裕。

二 主体特征：小农户与现代农业有机衔接

现代农业是适度规模经营的农业，客观上要求投入的生产要素——土地、劳动力、资金和管理技术，按一定的比例进行整合，达到最佳比例，产出效益最大。土地适度规模经营，可以为建立优化的农业结构、实行区域化经营、进行机械化作业，为培育优势农产品生产提供条件。专业协作形成规模，可以使分散经营逐步走向专业化协作生产，把农村建成农业企业化经营群体。联合发展形成规模，打破行业、地区、所有制界限，采取多种形式的联合，形成规模经济优势。以家庭承包经营为基础、统分结合的双层经营体制，是我国农村基本经营制度，"大国小农"是我国基本国情农情，以小农户为主的家庭经营是我国农业经营的主要形式。现代农业以适度规模经营为特征，农业农村现代化进程的加快推进，有利于健全社会化服务体系，突破规模约束；培育多元经营主体，创新利益联结机制；推进数字技术赋能，有效地打破传统经济社会的信息不对称壁垒，减少由不确定因素带来的交易成本和经营风险，降低市场失灵产生的生产要素错配。通过规模化、集约化生产经营，探索引导农户进入市场和扩大农业生产经营规模的有效途径，发展多种形式适度规模经营，培育新型农业经营主体，促进小农户和现代农业发展有机衔接。

三 产业特征：以新质生产力为引擎

农业现代化的基本特征是，采用以工程（机械）技术、生物技术、信息技术群为主导的现代高新技术与现代工业提供的生产资料和设施装备及现代企业经营管理方式，实行规模化生产和集约化经营，生产的社会化程度和土地、劳动生产率显著提高，农业生产的经济效益、生态效益、社会效益良好，农业商品化程度很高。先进的科技是农业现代化发展的关键要素。随着以自然科学为基础的现代农业技术体系的形成和推广，农业生产中大规模采用以现代科学技术为基础的生产工具和生产方法，使农业生产和经营的科学化程度空前提高。新质生产力是创新起主导作用，摆脱传统经济增长方式、生产力发展路径，具有高科技、高效能、高质量特征，符合新发展理念的先进生产力质态。农业新质生产力是新质生产力在农业领域的体现，符合新质生产力的一般特征，以创新驱动和科技赋能为依托，以集约化、数智化和绿色化转型为特征，不断提升农业全要素生产率水平，从而实现农业生产方式的转型升级，催生农业新质生产力，并形成与新质生产力相适应的农业生产关系。新质生产力通过技术革命性突破、要素创新性配置和产业深度转型，推动农业从经验驱动转向数据驱动、从资源消耗转向绿色集约，为农业农村现代化建设注入核心动能。

四 模式特征：农业发展全面绿色转型

农业全面绿色转型既是破解资源环境约束的必然选择，更是建设农业强国目标的战略路径。推进中国式农业农村现代化，必须实现农村生态环境的不断优化和可持续发展。农业绿色发展是以现代科技与先进管理理念为支撑，通过协调农业生产与生态保护的关系，构建资源节约、环境友好、经济高效的可持续农业体系。实现农产品安全、生态安全、资源安全和经济效益的协调统一，推动农业从"高投入、高消耗"向"低污染、高价值"转型。随着人类社会的进步，对生活质量的需求日益多元化，促使农业的功能大为拓展。传统农业的主要功能是提供农产品的供给，而现代农业的主要功能除了提供鲜活、优质、安全的农产品和工业原料以外，还具有生活休闲、生态保护、旅游度假、文明传承、教育等功能，在满足城市消费和工业发展的需求的同时，为城市提供新鲜空气，营造优美宜人的绿色景观，改善自然环境，缓解城市污染，还要为市民提供接触自然、体验农业及观光休闲的场所和机会。现代农业追求的不是单一目标，而是最大限度地节省资源，重视环境保护和生态平衡，追求以最少的资源耗费获得最大的优质产出和高效益，从而实现提高土地产出率、提高劳动生产率、提高产品商品率、提高资源利用率、实现农业的社会经济和生态效益等多项目标。在发展农业经济以实现经济增长的同时，切实注意保护自然资源和生态环境，做到农业可持续发展，实现经济增长与环境质量改善的协调发展。

五　治理特征：乡村治理体系和治理能力现代化

乡村治理有效是乡村振兴的根本保障，是农业农村现代化的组织基础。乡村治理能力现代化通过制度创新、技术赋能与多元协同，系统性解决乡村发展不充分、治理低效等问题，是实现农业农村现代化与共同富裕的必由之路。党的十九大明确提出乡村振兴战略，将乡村治理体系现代化纳入国家治理现代化整体框架，作为破解城乡二元结构、实现农业农村优先发展的制度保障。以治理效能现代化为主体目标，以制度创新为驱动，以技术赋能为手段，以治理体系现代化（组织、内容、运行体系）和治理能力现代化（组织力、统筹力、执行力）为支撑，通过优化治理体制与运行机制，将党建引领、法治保障、数字技术等制度优势转化为乡村社会的秩序稳定与发展活力，推动制度优势转化为实践效能，规范集体经济组织运营、推动生态资源价值转化（如森林覆盖率考核、水质监测），构建"自治、法治、德治"融合机制，维护乡村和谐秩序，推进公共服务均等化，激发村民参与公共事务的积极性，增强农民获得感与话语权，为农业农村现代化提供制度保障，实现治理精准化、服务高效化、发展可持续化，实现制度优势向治理效能的转化，满足农民美好生活需要。

第三章 共同富裕视角下农业农村现代化的总体思路

农业农村现代化是系统性、长期性工程，如何实现农业农村现代化，为推进中国式现代化提供基础支撑，始终是农业、农村经济工作的重要任务，是关系到社会经济发展全局的大事。共同富裕作为中国式现代化的本质要求，对农业农村现代化提出了系统性、多维度的实践指引。其总体思想是以习近平新时代中国特色社会主义思想为指导，立足我国国情农情，聚焦"三农"核心问题，遵循世界农业农村发展的基本规律，明确实现共同富裕的具体要求，提出农业农村现代化的目标体系和重点任务，通过深化改革、强化科技赋能、统筹城乡发展等系统性工程，构建现代农业产业体系与乡村治理新格局，努力走出一条具有中国特色的农业农村现代化发展道路，为实现共同富裕奠定坚实的基础。

本章在系统梳理农业农村现代化理论和国内外发展实践的基础上，提出在共同富裕视角下推进农业农村现代化，从产业体系、生态体系和治理体系等多维视角，构建包含农业高质高效、农村宜业宜居和农民富裕富足三个子系统的农业农村现代化目标框架，重点围绕产业融合、制度改革、绿色发展、城乡协同、开放共享等方面，提出推动农业农村现代化的重点任务。

第一节　实现共同富裕对农业农村现代化的要求

共同富裕是以社会主义制度为根基、以高质量发展为动力、以公平正义为准则的全面富裕目标，其内涵既包含物质与精神的均衡提升，也强调制度保障与生态文明的协同演进，最终实现"全体人民共建共享、代际公平可持续"的社会理想。农业农村现代化是实现共同富裕的关键支撑，共同富裕作为中国式现代化的本质要求，对农业农村现代化提出了系统性、多维度的实践指引。农业农村现代化需以制度改革释放活力、以科技创新驱动转型、以城乡融合打破壁垒、以绿色文化厚植底蕴，最终实现"产业强、农民富、生态美、治理优"的乡村振兴目标，为中国式现代化筑牢根基。

一　推动农业高质量发展：夯实共同富裕的经济基础

习近平总书记在中央财经委员会第十次会议上指出，共同富裕是社会主义的本质要求，是中国式现代化的重要特征，要坚持以人民为中心的发展思想，在高质量发展中促进共同富裕。农业是国民经济和实现共同富裕的基础，农业的稳定发展，直接关系到整个国民经济的发展、社会的安定和国家的兴盛。农业高质量发展是建设农业强国的核心任务，其核心目标在于构建"高质高效、生态安全、创新驱动、农民富裕"的现代农业体系，通过科技创新、产业升级与制度优化实现可持续增长。在农业高质量发展进程中促进农业农村共同富裕，是新时代新阶段我国发展的新特征新要求。农业高质量发展是应对消费升级、资源约束与国际竞争的综合解决方案，是破解传统农业低效困境、突破资源环境瓶颈的现实需求，也承载着乡村振兴、生态文明与共同富裕的战略使命。农业高质量发展是由多重目标构成的复合体，包括：①经济目标，是促进农业稳定发展的直接价值取向，表明满足人民物质、文化生活需要的水平，如农林牧副渔的产值构成、商品率、投入产出率、劳动收益率。②生态目标，主要从农业的可持续发展出发，实现农业的人口、经济和生态效益的统一，包括土地利用率、森林覆盖率、资源产出率等。③社会目标，主要包括农村人口识字率、文盲率、科技人员拥有率等。④技术目标，农业稳定发展的关键是农业科学化。靠科学技术装备农业，达到增加产量、改善品质、提高效益、保护环境、改善和丰富农民的物质生活与精神生活的目的。农业高质量发展是实现社会主义现代化和共同富裕的必由之路。

二 完善农村基础设施：补齐共同富裕的关键支撑

农业农村基础设施涵盖生产支撑、生活服务、生态保护、社会发展等方面，完善农村基础设施是推动乡村振兴、实现共同富裕的关键支撑。共同富裕强调全民共富，而非少数群体的富裕，需通过先富带动后富，逐步缩小城乡、区域和群体间的差距，实现发展成果的普惠共享。统筹"硬件建设"与"软件升级"，补齐农村基础设施短板，促进城乡资源均衡配置，是实现共同富裕的应有之义。加强农村基础设施建设，也是农业农村现代化发展的重要内容。近年来，国家和地方高度重视乡村基础设施建设和农村人居环境改善，城乡差距有所缓解。但是，离城乡融合发展的要求还有距离，农业生产性基础设施和农村人居环境改善仍然面临较大挑战。农村地区在网络升级、电网改造、仓储物流等基础设施建设和布局上存在明显的不平衡性特征，部分地区由于地形复杂、人口居住分散等原因，基础设施搭建难度大、成本高，制约了"新基建"在农村地区的延伸和覆盖，公共产品配置效率偏低，制约了农民生活条件的改善。加快推进农业农村现代化，要破解农村发展瓶颈，加强基础设施建设，通过政策引导、资源倾斜与城乡协同，推进高标准农田、现代物流体系等生产性基础设施的提质增效，推进数字基础设施、人居环境等生活性基础设施的提档升级，改善农业生产生活条件和生态环境，缩小城乡差距，激发乡村内生发展动力，促进人才、技术、资本在城乡之间双向流动，构建起支撑农业农村现代化的基础设施体系，推动基础设施从"补短板"向"强功能"转型升级，增强农业稳定发展的保障能力，为共同富裕提供坚实的支撑。

三　促进农民收入增长：实现共同富裕的核心目标

共同富裕是社会主义的本质，是全体人民通过辛勤劳动和相互帮助最终达到丰衣足食的生活水平，也就是在消除两极分化和贫穷基础上的普遍富裕，是全民富裕和全面富裕。同时也是存在一定差距的共同富裕，在农民群体内部也存在分化，不是整齐划一的平均主义同等富裕，是先富带动后富的动态过程。共同富裕就是要让包括农民等在内的低收入群体收入持续增加，真正富裕起来，整个社会才能实现共同富裕。增加农民收入是农民共同富裕进程中的首要目标，改革开放以来，我国城乡居民收入均显著提升，农村居民人均可支配收入增长速度快于城镇居民人均可支配收入增长速度，城乡居民收入相对差距持续缩小，但是绝对差距仍不断扩大。除货币性收入外，城乡在教育资源、医疗条件、消费水平等领域存在显著差距。要通过激活农村资源潜力、健全利益联结机制，逐步构建农民收入持续增长的长效模式，为实现共同富裕奠定坚实的基础。

农业农村现代化是持续增加农民收入的关键途径。农业农村现代化通过效率变革、结构优化与组织创新三大路径显著促进农民增收，而收入增长又通过资本积累和人力资本提升反哺现代化进程，形成"螺旋上升"的良性循环。农业农村现代化对农民增收的作用路径主要有：一是技术创新驱动效率提升，农业机械化与精准农业技术（如物联网、智能设备）的应用，实现对农业多角度、全方位、全链条式的现代化改造，推动传统农业向自动化、信息化和智能化转型，使农业生产和农产品销售更加精准高效，实现农业新旧动能转换，由依赖资源要素投入向创新驱动转变。二是产业结构升级创造多元收入，业态不断创新迭代，实现农业产业链广度和深度的拓展，促进农村产业融合发展，不断提高农业附加值，使农民参与产业链增值环节。三是组织模式变革增强市场议价能力，合作社、家庭农场等新型经营主体通过规模化生产降低边际成本，使产业集群化发展、市场数字化扩散、产业链深度拓展延伸成为可能，并通过品牌化运营提升溢价，乡村富民产业不断壮大。

四　注重生态保护与可持续发展：打造共同富裕的生态屏障

共同富裕作为中国式现代化的重要特征，其内涵不仅包括物质层面的共同富裕，还包含精神层面和生态层面等更加全面的共同富裕。共同富裕强调人与自然和谐共生的生态基础，生态文明建设是共同富裕的应有之义。首先，良好的生态环境是共同富裕的内在要求。习近平总书记强调："良好的生态环境是最普惠的民生福祉。"① 贯彻新发展理念，加强生态文明建设和美丽中国建设，提供优美的生态环境和优质生态产品，直接维系人民的基本生存需求和生命健康，是满足人民追求高品质生活和日益增长的美好生活需要的重要保障，也是体现社会公平正义、实现人的全面自由发展不可或缺的物质条件。其次，生态文明建设是实现共同富裕的前提条件。马克思主义唯物史观强调，自然环境是"人的无机的身体"，为人类生存发展提供生产资料和生活资源，直接建构劳动者体力和脑力的物质基础，人类实践活动必须遵循"人与自然持续交互"的客观规律。马克思指出，人作为自然存在物，其主观能动性的发挥受制于生态系统的承载边界，违背自然规律将导致"社会有机体"运行中断。当自然条件遭到不可

---

① 《习近平著作选读》（第1卷），人民出版社，2023。

逆破坏时，社会将面临生产资料短缺、生产力倒退的危机。共同富裕作为社会主义本质要求，不仅需要物质财富积累，更依赖"优质生态产品的公平供给"。若生态系统持续恶化，区域发展差距将因环境资源分配不均而进一步扩大。生态文明建设本质上是通过重构人地关系实现可持续发展，通过系统性制度创新与行为变革实现人与环境的动态平衡。最后，生态文明是实现共同富裕的驱动力量。高水平生态保护则通过环境质量提升创造生态溢价，驱动产业向绿色低碳转型。生态产品价值实现机制重构了农民增收逻辑，逐步实施用能权、用水权、排污权、碳排放权交易制度，将农村地区的自然资源禀赋转化为经济发展优势，将农村各类自然资源和生态产品转化为助推农民收入持续增长的资产，推动乡村从"资源依赖"向"生态赋能"转型，为共同富裕提供物质基础。

农业农村现代化与生态文明建设协同发展，本质上是通过绿色技术应用、制度创新和城乡要素流动，破解传统农业环境约束，催生"生态产业化—产业生态化"的新范式，重构乡村经济、人口、资源、环境协调发展关系，处理好高质量发展和高水平保护的关系，探索农业农村现代化与生态文明建设美美与共的新路径，从而实现人与自然和谐共生的中国式现代化。农业现代化会加快推动传统农业向自动化、信息化和智能化转型，将现代科技嵌入农业生产过程，实现精准施肥、灌溉和抗病虫害，实现对传统生产要素的赋能，有效地减少化肥和农药的使用，提高资源利用率，最大限度地降低生态环境污染。同时，先进农业技术的应用有助于提高农业废弃物回收效率，拓宽资源化回收和利用途径，促进农业生产绿色转型，不断提升生态系统质量和稳定性。农村现代化通过基础设施提质、环境治理深化和制度创新，系统性推动人居环境从"生存型"向"品质型"跃升。这一进程既体现为厕所、垃圾处理等"硬环境"改善，也包含生态价值转化、农民主体意识觉醒等"软实力"提升，为农村人居环境改善注入可持续动力。

第二节　农业农村现代化目标体系的构建

农业农村现代化以"农业强、农村美、农民富"为核心导向，旨在构建现代农业产业体系、生态宜居的乡村环境与共同富裕的发展格局，与乡村振兴战略的"产业兴旺、生态宜居、乡风文明、治理有效、生活富裕"总要求深度契合，是实现中国式现代化的重要支撑。农业农村现代化的丰富内涵决定了其多元化目标，本节将基于产业体系、生态体系和治理体系等多维视角，从农业高质高效、农村宜居宜业和农民富裕富足三个子系统构建农业农村现代化的目标框架。

一　农业高质高效

农业高质高效是农业农村现代化的核心目标，主要聚焦农业生产质量提升、资源利用效率优化和农业可持续发展三个维度，强调通过科技创新、制度保障与产业升级，实现农业供给能力、经济效益和生态效益的协同发展。

（一）农业生产质量提升，确保粮食等重要农产品供给

确保农产品有效供给是实现中国特色农业现代化、促进国民经济发展和社会稳定的重要物质基础。保障农产品供给安全的目标就是指农产品的供给必须满足人们生活和经济发展对农产品的需求，主要包括总量平衡、结构平衡和质量安全。依靠科技和管理创新，在现有耕地供给水平上，稳步提高以粮食为重点的农业综合生产能力，以品种培优、品质提升、品牌打造为核心，推动农业全链条标准化生产与产业融合，提升农产品加工深度和附加值，形成多机制联结、多主体参与、多要素发力、多业态打造、多模式推进的产业格局，使现代农业

的区域布局更加合理、产业结构更加优化，逐步构建安全可控的农业供给体系，提供绿色、安全、多样化的农产品。

（二）农业生产效率高效，实现农业生产效益提升

资源的高效化利用是现代农业的重要标志，在现代物质装备、现代科学技术和现代组织形式与管理手段的支持下，探索发展农业新质生产力，开展关键技术攻关，提升先进适用技术的集成应用水平，通过技术赋能与集约化经营，显著提升农业生产的自动化、精准化和智能化水平，提高土地产出率、劳动生产率、投入品利用率（如水、肥、药等），降低单位产出的资源消耗。不断突破农业生产经营对时空和地理边界的限制，加速生产要素的流动、共享、整合与利用，推动生产要素流向效率更高、效益更好的环节和区域，实现帕累托改进，持续提高要素配置效率。发展多种形式适度规模经营，大力培育和发展新型经营主体，要因地制宜、因人而异地构建利益联结机制，确保农民在产业链增值中的合理分配，从而提高农业生产的整体效益。

（三）农业可持续发展能力增强，实现农业与自然和谐共生

在进一步发挥农业经济功能、保障食物有效供给的同时，农业资源利用与环境保护能力日益加强，农业生态功能日益显现，经济效益、生态效益和社会效益同步稳定提高。以生态平衡为根基，注重保护生物多样性、土壤健康及水资源可持续利用，确保农业生产与生态系统的长期稳定。推广循环农业等低碳绿色生产方式，优化土地、水资源及生物资源的开发与保护，提高土壤肥力、水资源利用效率，减少过度开垦和农业面源污染，实现生产活动与自然环境的动态平衡，提升农业系统韧性。完善生态产品价值实现机制（如碳交易市场），将生态效益转化为经济收益，激励多方主体参与可持续发展，使农业生产在保障粮食安全、促进经济增长的同时，维护生态系统的稳定性和代际公平性。

二 农村宜居宜业

农村宜居宜业主要是通过优化乡村生产、生活、生态空间布局的系统性建设，推动乡村从单一居住功能向"生态宜居、产业兴旺、治理有效、文化繁荣"的复合型空间转型，最终实现城乡要素双向流动、农民生活品质提升与乡村可持续发展的深度融合。农村逐步成为兼具现代生活条件、产业活力、生态韧性和文化魅力的可持续发展空间，农村宜居宜业主要包括环境宜居化、经济宜业化和治理与服务现代化三个维度。

（一）环境宜居化

统筹县域城乡规划，结合生态与景观建设需要，科学布局村庄，保护耕地资源，注重保留乡土文化特色，改善公共空间和庭院环境。保障农村基本具备现代生活条件，包括垃圾处理、户厕改造、污水处理等环境整治工程，满足农民对便捷生活的需求。打造绿色生态空间，持续推进农村人居环境整治提升，建立完善农村垃圾、污水治理设施及运行管理维护体制机制，坚持建管并重，区分轻重缓急，统筹建设顺序和后期管护，打造清洁、有序、和谐的居住环境，增强农民生活幸福感。

（二）经济宜业化

依托科技与政策双轮驱动，实现土地、劳动力等要素在城乡的高效双向流动，降低生产成本，激活乡村闲置资源，增强乡村经济韧性。遵循产业链延伸、产业融合与农业功能拓展的创新路径和生成机理，壮大县域富民产业，发展乡村特色产业集群，培育新业态，延伸产业链，实现可持续、立体化的产业延伸与产业变现。完善联农带农机制，引导企业、合作社与农户合作，拓宽农民增收渠道。

（三）治理与服务现代化

构建多元化、一体化、法治化、精细化、高效化的治理体系，推动自治、法治、德治"三治融合"。推动治理模式创新，推广数字化治理工具，依托大数据平台实现资源高效配置和治理精准化，实现治理能力现代化，维护农民合法权益。

三　农民富裕富足

农民富裕富足是乡村振兴与共同富裕战略的核心目标，其本质是物质丰裕、精神充盈、社会公平的有机统一，需通过经济赋能、公共服务优化、文化认同强化等综合措施，推动农民在城乡融合中共享现代化成果，实现从"生存型"向"发展型"、从"温饱型"向"品质型"的生活转变。

（一）农民收入持续增加

围绕不同阶段农民持续增收的目标，努力形成促进农民持续增收的合力，提高农民职业技能和创收能力，多渠道增加农民收入。鼓励农民优化种养结构、提高效益，完善农产品市场体系和价格形成机制，健全农业补贴等支持经营收入体系，增加农民生产经营收入。引导农产品加工业在产区布局，发展农村非农产业，壮大县域经济，促进农民转移就业，增加工资性收入。

（二）农村公共服务均等化

完善城乡融合机制，推动城镇基础设施向农村延伸，提升公共服务便利性和均等化水平，强化农村养老、医疗等社会保障体系，统筹公共资源在城乡的均衡配置，逐步缩小城乡差距，形成"需求精准匹配、资源高效配置"的可持续发展模式，为农村居民提供与城市居民平等可及且质量均衡的教育、医疗、社会保障等基础性公共服务，保障农民基本生活权益和发展需求。

（三）农民素质持续提升

农民是农业生产经营主体，农民素质持续提升是推动农业农村现代化的重要抓手，通过知识赋能和价值观引领，培养"有文化、懂技术、善经营"的新型职业农民，实现农民从"生存型"向"发展型"转变，为乡村振兴注入持久活力。通过培育高素质农民，推动农民知识技能升级，适应农业现代化需求；促进农民观念迭代转变，突破传统小农思维，接受现代农业经营理念，主动参与产业升级，从而实现农民思想意识、文化素养及发展能力的全面转型。

第三节　推动农业农村现代化的重点任务

农业农村现代化是从传统向现代逐步转变的系统性过程，既是破解城乡发展不平衡的关键路径，也是实现中国式现代化"全体人民共同富裕"目标的必然要求，重点围绕产业融合、制度改革、绿色发展、城乡协同、开放共享等方面展开，通过政策创新、技术赋能与主体协同，实现农业高质高效、乡村宜居宜业、农民富裕富足。

一　创新赋能：持续培育农业新质生产力

新质生产力是农业农村现代化的核心引擎，农业农村现代化的核心特征与新质生产力高度契合。农业新质生产力是新质生产力在农业领域的体现，符合新质生产力的一般特征，以创新驱动和科技赋能为依托，以集约化、数智化和绿色化转型为特征。不断提升农业全要素生产率，从而实现农业生产方式的转型升级，催生农业新质生产力，并形成与新质生产力相适应的农业生产关系。一方面，新质生产力赋能农业生产效率提升。以突破性技术为核心的科技创新是新质生产力的本质内涵。与传统基于经验的农业生产和决策方式相比，新质生产力引领下的农业生产和决策行为是基于大数据、云计算和物联网等信息技术的智能化模式。新质生产力在农业领域的运用，最直观的体现就是农业生产效率显著提高。另一方面，新质生产力赋能农业生产效益增加。习近平总书记指出："科技创新能够催生新产业、新模式、新动能，是发展新质生产力的核心要素。"① 农业科技革新推动农业农村资源要素组合方式不断变化，现代生产技术、管理模式与传统农业要素的深度融合与创新，使农业发展呈现产业融合、产业链延伸、农业多功能拓展的特征，并催生一系列新产业、新业态和新经营模式，创造出新产品、新服务供给和增量效益，更好地实现可持续、立体化产业延伸与产业变现。

在新的发展阶段，要以新质生产力为引领，以创新科技、丰富业态、培育主体、完善机制为抓手，为推动农业农村现代化发展注入新动能。一是要深化技术研发推广，促进农业生产方式变革。要遵循农业科技规律，围绕发展新质生产力布局产业链，围绕产业链部署创新链。以农民实际需求为导向，建立健全技术服务体系，提升基层农技服务效能，打通科技进村入户"最后一公里"。二是要创新要素配置，开辟农业发展新领域新赛道。以新质生产力为引领，强化场景思维，充分运用现代生物技术、信息技术和工程技术成果，在现有生产要素配置的基础上，不断创新传统生产要素与新技术相结合的新组合、新工艺、新流程、新模式，延伸产业链，拓展价值链，实现多元价值转化。强化制度供给，塑造适应新质生产力的生产关系。推动农业高质量发展，要坚持制度创新，在土地制度、经营体系、服务体系等领域深化改革，形成与新质生产力相适应的新型生产关系。

二　协调联动：凝聚农业高质量发展合力

农业农村现代化是实现乡村振兴和共同富裕的核心任务，加快推进农业农村现代化，需突破传统的"农业单兵突进"思维，通过系统重构形成要素流动畅通、空间布局合理、制度保障有力的新型城乡

---

① 习近平：《发展新质生产力是推动高质量发展的内在要求和重要着力点》，《求是》2024 年第 11 期。

关系。农业农村现代化包含农业生产效率提升与乡村社会形态转型子系统，二者通过"生产力—生产关系"互动形成正反馈机制。首先，农业内部结构合理是农业现代化的重要标志，要推进农业现代化，就要优化农业生产结构，实现农业内部的协调发展。现代农业要求农业生产所需的要素必须是齐备的，无论是从资金还是技术装备，以及劳动力资源等要素都要做到齐备、缺一不可，同时要建立与之相适应的要素投入机制和体系，做到全方位、多元化和高效性。其次，农业农村现代化是一个复杂的社会系统工程，不仅要求农业生产力有较大的发展，而且要求农业及农村生产关系有新的变革。农业和农村生产关系，要积极反映和有力促进农业和农村的先进生产力。最后，农业农村现代化的实现需要政府、市场和社会力量的系统性联动，涉及政策协同、要素重组、服务配套等多维度协作。

农业农村现代化道路的实现是一个涉及多方关系协调发展的过程。在体现最广大农民根本利益的前提下，必须坚持协调发展原则，凝聚农业高质量发展合力。在协调发展中既要考虑不同层次之间的纵向协调，又要考虑到相同层次之间的横向协调，相互支持，协调配套，以产生尽可能大的整体效应。一是要坚持政策协同，构建集成化制度框架，推进城乡融合、新型城镇化与农村现代化战略联动，引导人口、资金、技术等要素在城乡的双向流动，确保农业农村现代化发展要素的齐备性。同时，不断完善与小农户的利益联结机制，积极培育壮大农村新型经营主体。二是产业协同，重塑城乡产业链条，推动农业全产业链升级。通过引入新技术、新模式和新方法来实现农业发展能力的螺旋式上升，实现对农业多角度、全方位、全链条式的改造，推动传统农业向自动化、信息化和智能化转型。注重引入新业态、新模式，推动产业链延伸拓展，实现单纯生产向产前技术推广、良种育种、农资农具供应，产中植保、技术服务，产后精深加工、物流和销售等环节的延伸，实现功能链的拓展和价值链的提升，不断提高农业的全要素生产率和农业竞争力。三是区域协同，优化空间发展格局，针对我国农业农村发展的多层次性和不平衡性，采取差别扶持政策，强化各项条件支撑，逐步形成区域分工合理、特色鲜明、优势互补、协调高效的农业农村现代化发展格局。

三　绿色引领：坚守发展底线

农业农村现代化以"高产、优质、低耗"为目标，统筹生产、生活、生态三大系统，既满足当代人需求，又保障子孙后代永续发展。推进农业可持续发展目标的实现，是实现农业现代化的本质要求。要贯彻落实"两山"理论，推动发展和保护的良性循环，推进生态资源产生相应的经济、社会和生态效益。其绿色实践不仅推动乡村产业高值化转型，更助力形成人与自然和谐共生的现代化格局。具有中国特色的农业农村现代化道路主要包含以下三个方面的内容。

（一）农业经济的可持续性

农业经济的发展是一种不能超越资源与环境承载力的可以延续的经济发展过程，这是实现绿色发展的主导。必须注重提高发展的质量来实现经济增长方式由粗放型向集约型转变、产业结构由资源密集型向技术密集型调整。按照生态学原理，根据各地区特点和农业的主要任务，构建绿色生产技术体系，运用现代系统工程的技术方法，合理利用生物资源、土地资源、水资源和能源，以保证经济持续、稳定地发展。

（二）农业生态的可持续性

农业生态系统在受到某种干扰时仍能保持其生产率的能力，是实现农业可持续发展的必要条件。可持续发展原则上要求发展要与农业生态环境承载能力相适应。所谓环境承载能力是指在一定时期内，资源环境系统在维持相对稳定的状态下，所能承受的经济规模和人口规模。绿色发展就是要在获得良好经济效益的同时，强调生产与生态功能并重，通过资源循环利用（如畜禽粪污、秸秆资源化）、低碳转型（如有机肥替代化肥），形成"无害化处理—资源再生—绿色农业"闭环，充分发挥农业对环境的协调功能，使其为保持良好的生态环境做出应有的贡献。

（三）农村社会的可持续性

农村社会要形成良性发展的态势，促进知识和技术效率提升、生活质量不断改善，从而实现人的全面发展。要大力倡导和践行绿色生活方式，摒弃传统的高投入、高耗费、高污染的粗放型生产方式和高消费、高浪费的生活方式，通过技术创新和制度创新向健康的经济发展方式和生活方式转变，为农业农村发展提供良好的生态环境，既不以牺牲资源和生态环境为代价，又充分满足人民群众对美好生活的需求。

四　高水平开放：助力农业国际竞争力提升

在现代农业系统中，物质、能量、价值处于开放式的循环和转化过程中，非农业生产系统和部门的物质、能量投入农业经济系统中，加大物质能量的循环圈，提高投入，增加产出。现代农业都是在市场经济比较完善的国家和地区形成和发展起来的，其生产的直接目的是为社会提供农产品，获得较高的利润，因而农业的经营者在组织生产中，大量地、经常地与外界发生物质和能量交换，发生价值的转移。交换的范围不仅涉及地方市场、区域市场和国内市场，而且涉及国际市场。现代农业的经济系统是高度专业化、商品化、社会化的系统。

开放是中国式现代化的鲜明标识，开放也是农业农村现代化的重要特征。党的二十届三中全会审议通过的《中共中央关于进一步全面深化改革　推进中国式现代化的决定》指出，必须坚持对外开放基本国策，坚持以开放促改革，依托我国超大规模市场优势，在扩大国际合作中提升开放能力，建设更高水平开放型经济新体制。农业国际合作是我国对外开放和农业农村经济发展的重要组成部分。通过高水平开放能够有力提升国内大循环内生动力，同时增强国际产业链供应链韧性，为人口规模巨大的现代化提供稳定资源保障。其开放实践不仅加速农业产业升级，更助力实现全体人民共同富裕、人与自然和谐共生的中国式现代化愿景。

开放的现代化通过市场、技术、制度的多维度变革，推动中国农业深度融入全球农产品贸易体系。一方面，提升全球资源配置能力，通过多元化进口渠道和海外农业投资，降低国内自然灾害和市场波动风险，提升粮食供应链韧性；通过引进国际先进技术（如智能装备、生物育种）与本土研发结合，提升农业生产效率；推动中国农业企业"走出去"，在海外建立生产基地，提高全球产业链参与度。另一方面，稳步扩大制度型开放，积极参与全球农业标准制定（如绿色生产标准、质量安全体系），推动中国农业技术标准"走出去"，推动国内政策与国际规则接轨，增强农产品国际竞争力。从"自给自足"向"全球协作"转型，既实现国内产业升级，又为全球粮食安全与农业治理贡献中国方案。

五　共建共享：切实保障农民根本利益

农民共享发展是农业农村现代化的本质要求，也是实现共同富裕的核心要求，需通过制度设计保障公平性、产业发展增强可持续性、公共服务提升获得感、治理创新强化主体性四重路径协同推进，实现资源高效整合与成果公平分配。这一路径既体现了中国式现代化"以人民为中心"的本质，也为农业农村现代化注入了可持续的内生动力。在稳定家庭承包经营、农民主体地位和首创精神的基础上，面向现实需要，同类农产品或农业生产经营服务的生产经营者在自愿民主的原则下，在农业生产经营过程中发展多种形式适度规模经营，大力培育和发展新型经营主体。促进农民共享农业发展成果，要因地制宜、因人而异地构建利益联结机制，强化企业与农户的利益共享与风险共担机制，连接农业产前、产中、产后各环节，将农民嵌入产业链增值环节，保障土地流转收益、产业分红等权益，激发农民参与农业现代化的内生动力，实现多方共赢。推进城乡基础设施互联互通和公共服务均等化，缩小城乡生活差距，保障农民在乡村治理过程中的参与权与话语权，不断提高农民的获得感和幸福感，最终实现"人"的现代化。

第四章 农业农村现代化的国际经验与借鉴

由传统农业向现代农业转变，是世界农业发展的共同趋势。除农业自身的特点外，土地规模、人口数量、政策导向等因素也决定了一个国家实现农业现代化的途径必须符合自身的禀赋和特点。国际经验表明，尽管各国因国情不同，采用了不同的农业农村现代化模式，但农业农村现代化作为复杂的系统工程，其实现路径依旧有章可循，需要科技创新、制度创新与模式创新的系统协同。从世界各国实现农业农村现代化的模式来看，发达国家所取得的成就最为明显，其中以美国模式、欧洲模式、日韩模式为代表，分析、研究和借鉴发达国家农业农村现代化建设成功经验和失败教训。这些成功的模式为其他国家指明了农业农村现代化实现的一般规律，提供了更为现实的参考依据。因此，分析、研究和借鉴发达国家农业农村现代化建设成功经验和失败教训，对借鉴国际经验共性规律，立足我国"大国小农"现实构建本土化方案，对我国加快农业农村现代化进程，在守住粮食安全底线的基础上，构建差异化、阶梯式发展路径，实现农业生产效率、农民生活品质、农村生态价值的全面提升，具有重要的借鉴意义和参考价值。

第一节 以美国为代表的机械化模式

美国地广人稀、土地资源丰富，但劳动力价格较高，因此，农业通常使用大型农业机械耕作替代人力。规模化、机械化是美国农业现代化的典型特征。到 21 世纪中期，美国农业发展水平已居世界前列，并成为公认的农业强国。占全国总人口 2% 的农民不仅产出足够美国人消费的农产品，而且出口大量农产品。因循此类农业现代化模式的国家还有加拿大、澳大利亚、俄罗斯等国。对美国建设现代农业的成功经验进行归纳和总结，对我国推进农业现代化具有重要启示。

一 美国农业农村现代化发展历程

美国农业农村现代化历程是全球农业发展的典范，以技术创新、政策引导和城乡协同为核心，利用先进的农业机械和农业技术改造传统农业，实现从传统农业向高效、可持续现代农业的转型。结合美国的历史背景、自然禀赋以及其他的制度因素，美国建设现代农业经历了三个阶段：农业机械革命、生物和化学革命、农业可持续发展。

（一）第一阶段：农业机械革命

美国的农业机械革命是全球农业现代化进程的标杆，其核心特征为技术创新驱动效率跃升、政策与市场协同推进。美国农业资源禀赋的基本特点是地多、人少、劳动力短缺，这使得早期农业的典型特点是利用机械开展大规模的农业作业。美国的农业机械化经历了三个时期，一是从南北战争前后到 1910 年的农业半机械化时期，通过改良铁犁、脱粒机等木制农具，并逐步替代传统手工工具，提升耕作效率。二是 1910~1940 年的农业基本机械化时期，美国率先实现农业全流程机械化，过去简单的科技发展成果被新兴的电器产品所替代，拖拉机、联合收割机等设备全面替代畜力，粮食生产从耕地、播种到收获、干燥均实现机械化操作。三是从 1940 年到现在的农业全面高度机械化时期。机械化革命推进了美国农业经营专业化和产品高度商品化。

（二）第二阶段：生物和化学革命

20世纪60年代以后，工业化、城市化飞速发展的同时，土地价格高涨、耕地面积缩小，提高土地利用率成为农业发展面临的重要挑战。此时，美国农业发展的重点从机械化开始转向采用生物和化学技术，提高土地产出率。现代科技催生了农业的化学化发展，化肥、农药等农用产品被不断研发出来并大量使用。20世纪70年代以来，欧美国家开始全方位思考环境污染和能源危机问题，高投入、高污染的化学化农业生产模式已不适应人类社会发展要求，人类需要新型的农业生产方式。

（三）第三阶段：农业可持续发展

第二次世界大战以后，美国一方面将现代科学技术广泛应用于农业生产，使得农业技术装备和生产效率进一步提高。激光导航、计算机控制等技术逐步应用于农机，卫星定位（GPS）、遥感监测、智能灌溉系统普及，推动农业从田间作业到加工、物流环节的智能化设备无缝衔接。同时，将工业部门的管理手段和方法引入农场经营，极大地推动了农场的规模化经营。另一方面，在完善农业基础设施的同时，建立现代农业科技服务体系。目前，美国大多数地区基本实现了农业科技服务的社会化，进而扩展到农产品加工和销售领域，把生产、加工和销售过程联系起来，形成了农、工、商一体化的产业化经营模式。

二　美国农业农村现代化的经验做法

（一）以完备的政策法规体系提供保障

美国的农业法规体系包括农产品价格支持、生产控制、农业信贷、土地保护、剩余农产品处理、出口贸易等一揽子内容，既包括农业发展的基本原则，又包括一定时期的具体农业政策。在州一级，一般都有一部内容较全面的综合性法规。除综合性农业法规以外，美国还制定了 30 多项单项农业法规，详尽规范了政府和涉农企业的权责，并且在政策层面确定了对农业科研、教育、基建等的经费投入。

（二）以科技创新驱动效率革命

在美国传统农业向现代农业转型的进程中，发达的化学和生物技术是关键因素。自 20 世纪 60 年代开始，农业化学化在美国初步实现，高科技含量的化学肥料被广泛使用，同时，生物技术的发展使得化工产品和生物产品有效结合。20 世纪 70 年代，基因育种技术的应用，使传统农作物品种得到大大改良，新的品种更具高产、抗病、抗旱涝等特性。同时，美国高度重视信息化技术在农业领域的应用发展。20 世纪 70 年代以来，数字技术迭代发展，强化了 GPS、无人机、传感器和智能系统在农业生产经营场景的应用，围绕设备数字化与精准作业、生产智慧化与全链协同、数字基础设施覆盖等为农民提供高质量的技术服务和农业信息服务，农业生产效率大大提升。

（三）以社会化服务提升组织化程度

农业合作社是农业生产者拥有和控制、自我服务的组织，在美国农业发展体系中发挥了重要的作用。美国农业以家庭经营为主，要解决生产经营中的实际困难，就要依靠各种合作社组织以降低生产成本和交易费用，提高农业效益。这些合作社既不像私营公司那样以营利为目的，也不像政府部门那样提供无偿服务，而是在商品交换原则下，以增加社员利润为基本宗旨，向农户提供所需生产资料、技术、政策咨询和信贷业务。此外，美国农产品协会在农业生产中的地位举足轻重，协会组织建立批发市场、定期举办交易会和展示会，促进会员间的信息交流和供需衔接；开展国际交流与合作，促进进出口贸易；举办专题培训，向会员介绍最新流通政策与法规，与政府及国会保持联系。作为民间组织，农业合作社具有与合作社相似的功能，但组成方式更加灵活多样，更能代表并保护农民的利益。

（四）以健全的机构体系加快科技推广

以科研、教育为后盾的农技推广体系为美国农业高新技术的应用提供了可靠的保证。早在 1850 年，美国联邦政府就无偿给予每个州 3 万英亩的土地用于建设一所农业大学，通称"农工学院"或"赠地学院"。政府赠地建学的主要目的是使教学、研究及推广服务一体化。美国每个州都有一名受大学雇佣的推广服务代理人员，负责教授农场主或农民最新的农业科研知识和成果，并且他们每年都要回到学校接受培训。代理人员如遇到解决不了的问题，可向农业大学或学院的研究所寻求帮助。如果遇到有些技术在推广中农民不大相信，或不愿接受，农业推广服务代理人员会通过搞试验田的方法消除农民顾虑。1914 年，美国国会制定了《史密斯—利弗法》合作推广法案，规定联邦农业部和各州的大学合作，在每个州都建立农技推广和普及机构，为农民提供各种培训，使农业科研成果和新技术迅速被应用到农业生产领域。依托于各州的科研、推广体系和联邦农业部直属的农业科技研究中心以及一些私人农业科研机构，从 20 世纪 80 年代开始，美国把高新技术在农业中的应用作为发展优质、高效农业的重点来抓，并将遗传工程、生物技术、计算机技术、遥感、遥测研究和自动化技术等领域取得的重大突破尽快地应用于农业生产，使农民获得较好的经济效益。

（五）以素质提升夯实人才基础

自 19 世纪 60 年代起，美国政府大力发展农业教育，到 20 世纪 20 年代已基本建立起了集农业教育、农业科学研究与农技推广于一体的比较完整的农业教育体系。十分注重对青年农民的培养。从 1928 年开始在农村中学成立"未来农民协会"，普遍开设农业技术培训课程，鼓励学生从事各种农业实践活动，提高技能、管理能力。同时，重视农业企业家的培育与素质提升，以各农业领域的 25～40 岁骨干为培训对象，各州先后开办了农业领导人才培训班，培养了一大批高素质的农业企业家。这样的农民素质培育与提升体系对提高美国农民个体素质、推进美国农业发展发挥了重要作用。建成农业教育、农业科研和农技推广方面的高素质队伍，农业生产者的素质大大提高。在实际劳作中，农民能通过操作计算机、驾驶各种农业机械进行耕作，并能对农场进行有效管理，为农业农村现代化提供了坚实的人才支撑。

三　美国农业农村现代化进程中的教训

建立在农业机械化和农业化学化基础上的农业现代化发展模式也带来了严重的环境污染问题。美国现代化农业发展中大量使用化肥、除草剂等化学产品，加上长期的机械化作业，过度消耗土壤的肥力，从而造成严重的水土流失和环境污染问题。美国的现代养畜业，特别是肉牛饲养业，造成了很严重的地下水污染问题。我国的农业农村现代化，要将农业发展与环境和资源保护有机结合起来，保持持续的资源开发能力。

经济导向的种植结构失衡。作为创汇产业，美国农业发展中往往只使用少数产量高的品种，在作物和家畜方面也是如此，这无疑增大了农业发展风险。单一作物种植减少了农作物遗传的多样性。在经济收益的导向下，美国优先种植经济作物（玉米、大豆用于饲料和生物燃料），导致果蔬产量显著下降，2003～2025 年水果产量减少36%，蔬菜产量下降6.3%，半数水果依赖进口。肉类消费增长推动饲料需求增加，挤占直接食用的粮食作物种植空间，农作物和家畜遗传的多样性受到影响，也影响了居民膳食多样性。

政策与市场机制的局限性。美国是世界上实施农业保护最早、相应的政策最完备和方法最丰富的国家之一，包括农业生产保护政策和农业贸易保护政策。然而长期的保护政策消耗了政府大量的财政收入。农业补贴向大农场倾斜，据 2024 年《农业法案》，约 70% 的补贴流向年收入超 100 万美元的规模化农场，加剧资源分配不公，造成补贴制度的结构性偏差，小型农户逐渐丧失竞争力。

第二节　以欧洲为代表的技术密集型模式

欧洲农业资源禀赋呈现"平原主导、气候多元、土壤优质"的特征，农业发展高度依赖地理条件与技术创新适配，以区域化布局为基础、科技与机械化为核心、可持续发展为底线、产业融合为方向，通过政策引导与人才培育实现效率与生态平衡，其经验对破解小农经济转型难题、推动农业高质量发展具有重要的参考价值。本节以荷兰和法国为例，总结欧洲农业农村现代化的经验做法和启示。

一　荷兰农业农村现代化模式

荷兰作为全球农业现代化标杆，以"小国大农业"著称，其国土面积仅 4.15 万平方公里，耕地面积不足 1.8 万平方公里，却是全球第二大农产品出口国。其农业农村现代化以"技术替代资源、循环化解约束、全链创造价值"为核心逻辑，以集约化经营为特点，以家庭私有农场生产为主，普遍采用高新技术和现代化管理模式。设施农业是荷兰最具特色的农业，居世界领先地位，在土地与环保刚性约束下开辟了一条高效农业之路。其经验表明，农业现代化并非单纯追求规模扩张，而是通过技术创新、制度适配与生态价值重构实现可持续发展，这对资源禀赋相似的国家具有重要的借鉴意义。

（一）荷兰农业农村现代化的发展背景

荷兰的陆地面积为 4.15 万平方公里，其中 58% 用于农业，人均耕地仅 0.0622 公顷，不足全球平均水平的 1/5。荷兰有 1/4 的面积低于海平面，素称"低洼之国"，需持续维护防洪排涝设施以保障耕地安全，土地开发成本高。夏季平均温度 16.6℃，冬季平均温度

2.8℃。年均日照时间仅 1600 小时，光照不足使露天作物生长周期受限。由于接近海洋，冬季低温多雨，传统露天种植难以开展，倒逼温室设施技术发展。荷兰建设现代农业可以追溯到 19 世纪末，良好的自然条件和社会发展保证了农业早期的繁荣，尤其是西部地区。但在 19 世纪后半期，农业进入了严重的衰退期。第二次世界大战后，荷兰的农业政策以恢复和增加食物生产、实现自给为目标。通过支持地区性工业化，为从农业转移出来的劳动力创造外出就业机会。20 世纪后半期，荷兰的农业才真正起飞，自 1989 年以来，农产品出口常年稳居世界第二位。

（二）荷兰农业农村现代化的主要做法

1. 技术创新：以设施农业重塑生产边界

荷兰耕地不足，光照条件有限，自然资源禀赋的限制促使其更注重通过技术创新提高劳动生产率。在设施农业极其发达和工厂化农业享誉世界的荷兰农村，到处都能见到成片的牧场和大型的连栋玻璃温室。在这些现代化的温室内，农业生产方式实现了高度的程序化、标准化和自动化，农作物从种到收就是一条生产流水线，一栋温室就是一座农产品工厂。这种专业生产有利于设施专业化配置，降低生产成本，提高产品质量并形成规模经济。同时专业化生产促进了专业领域的研究，使企业有长足的发展后劲，也为企业赢得了良好的市场口碑。

2. 制度协同：政策与市场的双向驱动

荷兰政府在农业产业发展的不同阶段所采用的宏观调控政策是不同的。当产业处于初级竞争阶段，或出现畸形发展时，政府果断干预，使产业发展步入正轨。当产业处于稳定增长阶段，政府通过信贷政策和补贴政策，鼓励企业发展出口创汇。当产业处于健康发展阶段，政府则尽可能地逐渐淡出，以使产业协会充分发挥其积极作用，真正展现出农业产业运行中的"大社会、小政府"。在产业健康发展时，政府致力于营造良好的农业宏观产业环境。

荷兰通过拍卖市场的价格机制创新、标准化流程与全链协同，成为全球农产品高效流通的标杆。其经验为易腐商品交易提供了"速度优先、数据驱动"的解决方案。农户将所生产的产品按照质量标准规定进行分类、分级和包装并经检验合格后送入拍卖大厅，拍卖起始价是由卖方设定的最高价，随后按固定降幅逐级下降，购买者按照规则进行竞价，若多人同时应价，系统自动转为增价拍卖，最终由最高出价者竞得。买家通过席位终端竞拍，系统自动匹配成交并生成物流指令。通过动态降价机制快速匹配供需，催生配套产业集群，有助于优化市场资源配置，平衡市场供需等。

3. 要素支撑：优化要素投入配置

荷兰农业现代化的显著成就在很大程度上得益于农业劳动者文化素质的普遍提高、农业人力资源合理有序开发和高效利用。其农业人才资源培养采用分层培养与学科交叉的模式，分为预备农业职业教育、中等农业教育、高等农业教育、农业成人教育等几类。高等农业教育引领创新，构建"本科—硕士—博士"全链条培养体系，设置农业技术、食品科学、环境工程等交叉学科，覆盖农业全产业链需求。农业职业教育强化技能培养，与产业需求深度绑定，开设温室管理、精准灌溉等实操课程，推行"双元制"教育模式，50%的课程时间为农场或企业实训，直接对接龙头企业需求。农业成人教育面向社会开放，通过分层培养构建了全球领先的农业人力资源培育体系。

荷兰在农业投融资方面通过合作制普惠金融、政策靶向激励、产业链价值闭环的创新，构建了资本与农业深度协同的生态系统，其经验为破解农业融资"高风险、低收益"困境提供了系统性解决方案。一是农户主导的普惠性融资——荷兰农业合作银行在农业现代化进程中发挥了重要作用。作为全球最大的农业金融机构，荷兰农业合作银行由农民以合作制的形式创立，采用"本土化信贷员"制度，坚持服务农业全产业链。二是建立农业担保基金为农户分担风险。政府通过农业担保基金承担40%的贷款违约风险，降低金融机构放贷门槛。同时，设立农业安全基金，对因不可抗力而遇到困难的农户予以帮助。

荷兰构建"政府主导—市场协同—数字赋能"的农业科技推广机制，通过制度设计破解"科研—产业"脱节难题，其经验对重构我国农业技术转化体系有重要的借鉴价值。政府主导建设国家级农业科技示范基地，涵盖温室种植、精准畜牧等领域，公共科研机构承担绝大部分的农业基础研究工作，构建"实验室—试验田—商业农场"三级验证体系，确保技术适配性。通过拍卖市场反向催生技术需求，农户通过与合作社或企业合作，获得技术指导和服务。

二 法国农业农村现代化模式

法国通过土地集约化、组织协同化、政策系统化三维驱动，构建生产效率与生态效益兼具的现代农业体系，其制度设计为全球农业转型提供了范本。

（一）法国农业现代化的发展背景

法国拥有欧盟面积最大的农业用地，巴黎盆地、卢瓦尔河谷等冲积平原土壤肥沃，土地类型多样化。塞纳河、卢瓦尔河等六大水系覆盖全国，农业灌溉用水效率达75%。温带海洋性气候覆盖北部，保障谷物稳产。南部地中海气候区年均日照2800小时，推动普罗旺斯薰衣草、橄榄油等特色农业发展，优越的地理位置和特色资源禀赋，为法国农业农村现代化提供了坚实的保障。

法国从落后的农业国成为先进的农业大国的演进过程一般被分成三个阶段：第一阶段是19世纪前期。法国资产阶级革命之前，农村土地皆属封建主。大革命后，虽然资产阶级代替封建贵族拥有了土地，但是，法国农业状况却没有发生任何变化，小农经营仍然占主导地位。第二阶段是19世纪中叶至20世纪初，是法国农业从自给农业向商品农业转变的时期。工业化进程推动了农业的商品化、社会化发展，但与英国、美国等比较，法国农业仍甚为落后。第三阶段是第二次世界大战后至今，是法国农业大发展时期。政府强有力的政策以及良好的外部环境使农业飞速跃进。20世纪60年代法国已基本实现农业现代化，70年代法国已经成为农业最发达的国家之一。

（二）法国农业现代化的主要做法

1. 推动土地制度变革，实现农业规模化经营

第二次世界大战以后，面对长期停滞不前的农业，法国政府制定了一系列农业政策，首先是将零散的土地予以适当集中，以便进行规模化生产经营，并为农业机械化创造有利条件。为了将土地有效集中，政府组建了"土地整治与农村安置公司"，并从政策层面确保该组织拥有土地优先购置权。之后，将买进的分散土地结合连片，建成符合标准的农场，并低价出售给有经营能力的农场主。此外，政府还以提供低息贷款等方式，鼓励农户进行土地集中和扩大农场规模。

2. 推动农业生产组织化，促进产业链协同

法国农业合作社通过组织创新、全链协同与政策赋能，构建了"小农主体—现代产业"有效衔接机制。法国农业合作社诞生于19世纪80年代，旨在解决小农经济处于市场弱势地位的问题。1935年《农业合作社法》确立合作社法人地位，允许农户以土地、设备入股。1960年《农业指导法》要求合作社承担技术推广职能，1980年引入"合作社联盟"模式，允许跨区域资源整合。合作社有三级架构，一是全国性联盟，法国农业合作社总联盟统筹全国3000余家合作社，制定行业标准与政策协商；二是区域性联合体；三是基层合作社，覆盖80%以上的农户，平均服务半径不超过15公里，提供从生产到销售的全链条服务。通过利益分配与风险共担机制，推动全产业链纵向一体、横向协同，实现小农主体和现代产业的衔接。

3. 完善服务体系，推进科技研发与推广

科技强农是农业现代化的必由之路，为此，法国构建"教学—科研—推广"一体化体系，建立了数量众多的农业科研机构，国家农业研究院（INRA）联合合作社设立 300 个田间实验室。自 20 世纪 60 年代以来，建立起了以中等农业职业技术教育、高等农业教育和农民成人教育为主要内容的农业教育体系。此外，政府加大对农民的培训力度，尤其是青年农场主。针对普通农业经营者，政府也提出一些硬性要求，如必须取得合格证书才能获得经营农业的资格等。

第三节 以日韩为代表的资源节约型模式

资源节约型农业是以资源高效利用为核心，通过技术创新与制度设计，实现农业生产全流程中土地、水、能源等要素的集约化配置，以最小资源消耗获取最大经济、生态和社会效益的现代农业发展模式。日本和韩国的资源节约型农业模式，是通过技术集约化、制度系统化与市场内生化的创新，在资源硬约束下实现农业生产效率与生态效益的平衡。其经验表明，资源禀赋劣势可通过创新转化为竞争优势。

一 日本农业现代化发展模式

第二次世界大战后，日本农业经历了 50 多年的高速发展，在农业自然资源并不丰富、农业规模较小的基础上实现了高附加值转型，探索出了极富开创性的农业现代化发展道路。目前，日本现代农业水平在世界上处于前列，其在资源约束下的农业现代化发展模式有重要的借鉴意义。

（一）日本农业农村现代化的发展背景

日本农业现代化是资源约束型经济体实现农业转型的经典案例。

日本的农业自然资源比较贫乏，国土面积 37.78 万平方公里，耕地面积仅占 12%，人均耕地面积只有 0.04 公顷（0.6 亩），农业人口占比不足总人口的 3%，人地矛盾尖锐。除北海道较寒冷外，其他地方四季温和，雨水充沛。水利资源丰富，有许多天然良港，海洋资源丰富，日本的捕鱼量居世界第一位。其农业现代化的特点是以发展生物技术为重点，加大人力资源投入，提高土地亩产量，增加农业高附加值。在农业资源匮乏的条件下，日本构建了单位耕地产值全球领先的现代农业体系。其核心在于将小农经济劣势转化为特色竞争优势，通过技术集约化、组织网络化与功能多元化实现产业升级。大体上，日本农业现代化发展可以分为四个时期：①引进先进技术提高农业生产力时期；②技术改良时期，劳动密集型趋势出现；③现代农业技术发展期，农业现代化基本框架开始建立；④高性能农业机械、化学技术和生物技术发展应用期。

（二）日本农业农村现代化的主要做法

1. 农业保护体系提供制度保障

日本构建了全球最完备的农业保护制度，确立了工业反哺农业、农业支持工业的整体思路，工业向农业提供了大量的质优价廉的各种现代农业生产资料，为农业现代化的实现打下了物质基础。19 世纪 80 年代中期到 20 世纪初期是日本工业化发展第一阶段，主要采取促进农业技术进步与推广、兴修农田水利和征收关税等措施，支持农业生产，并把支持农业生产和保证农业不断增长作为获得农业剩余的可靠途径。第二阶段是 20 世纪初期，日本工业开始具有自我积累的发展能力，为了使工农业均衡发展，日本政府采取了一系列农业保护措施，主要包括：减轻农业税，增加对农业的投资，进行农地改革，提供农业信贷资金，促进农业协同组合发展。从 20 世纪 60 年代初开始进入工业化发展第三阶段。1961 年，日本发布《农业基本法》，确立"选择性扩大生产"原则，通过价格补贴与进口管制缩小城乡收入差距。乌拉圭回合后，日本将非关税措施转为关税配额制，同时增加"绿箱"政策（如生态补偿、多功能农业）。

为克服小生产与大市场的矛盾，日本政府及时地培育和健全了以农产品批发市场和期货市场为主要内容的农产品流通体系。对批发市场和期货贸易进行法治化管理，消除各种不正当的市场竞争，并对农产品流通市场进行有效的供求管理，以保证农产品流通价格稳定。此外，通过发放财政补助金和长期低息贷款，促进农业机械化，推动农业基本建设和农村公共事业发展。

2. 农协体系重塑小农生产关系

日本农业协同组合通过三级架构（市町村—都道府县—全国联合会），即每个市町村都设有基层农协，以此为基础每个都道府县都组成联合会，再由都道府县的联合会组成全国联合会，将97%的农户纳入协作网络，通过一系列的经营服务活动渗透到日本农村生产交通、卫生保健、科技文化等各个方面，形成覆盖生产、流通、金融的全产业链服务体系。

农协在提高农民组织化程度、保护农民利益、增加农民收入等方面发挥了不可替代的作用。①提供农业经营服务。对组合成员的农业生产经营进行全面指导。除技术指导外，还包括依托综合统一力量来指导、援助农民从生产领域到流通领域的整个过程。②提供贩卖与购买服务。农民生产出来的农产品集中送到农协，由农协帮其整理，然后批量出售。农协负责共同购买农民所需生产资料和生活资料，然后再供应给组合成员。③提供信用服务。通过吸储组合成员的存款，以长期低息的方式贷给需要农业生产资金的组合成员。基层农协所存的资金如用不完可存到信用联社，也可存到中央林基金会，反之则可层层申请贷款，实现资金在更大范围内的融通。④提供设施共享服务。农协为组员置办农户个人无力购置的大型设施供其共同利用，包括生产、销售、加工和各类生活设施等。⑤提供生活服务。对组合成员的生活予以全面指导，包括消费、健康、文化和娱乐、老年人看护、保险服务等，以营造新的农村、农民生活风貌。

3. 精准化生产创造价值增量

精细化、精品化是日本农业的立足之本，也是农产品增效、农户增收的根本所在。积极推动数字化管理革新，形成覆盖全产业链的数字化生产体系，开展全流程标准化管理，建立农产品溯源系统，实现品质分级与市场溢价。同时，适应于日本土地零散现状的以中小型机械为主的机械化发展成效显著。符合国情的机械化发展方向，使土地得到了良好应用，也极大地推动了农业现代化进程。

二　韩国农业农村现代化发展模式

韩国是典型的小农经济体，农业资源尤其是耕地资源稀缺，虽然发展现代农业起步较晚，但取得了较大的成效。在耕地稀缺、人口老龄化与全球化竞争的多重压力下，在国家整体战略的牵引下，特别是通过将资源重构与技术创新相结合，探索出一条独特的农业发展道路。

（一）韩国农业农村现代化的发展背景

韩国是一个多山国家，自然资源贫乏，自然资源自给率仅为30%，工业原料主要靠进口。自20世纪60年代以来，经过近半个世纪的高速发展，韩国完成了经济社会发展的大飞跃，成为发达国家。在这一大飞跃进程中，确定走工业化发展之路，是韩国崛起的首要基点。与此同时，为规避多数国家先工业后农业所引发的不良后果，韩国政府在制定工业化发展方针的同时，将农业和农村发展纳入国家整体发展战略。在这一整体发展思路引导下，韩国建立起了较为完善的农业生产体系，并通过"新村运动"，以工业化发展成果为基础，发挥农民生产积极性，迅速从落后的小农经济状态转向具有自身特色的现代农业。

（二）韩国农业农村现代化的主要做法

推动"新村运动"，实现农村经济社会全面进步。韩国"新村运动"从宏观视角出发，立足农村整体的全面发展，循序渐进、着眼长远，在改善农村人居环境、提高农民收入、促进生产力发展的前提下，以建立农村新型文化、培育农民现代素质为更高诉求。1970年，韩国政府发起了以"勤劳、自助、合作"为核心的乡村建设运动。"新村运动"是韩国政府为改善民生、提高农村社会发展水平所推行的战略，以改善农村人居环境和提高农民生活水平为出发点。在此基点上，政府开始落实以工促农政策，逐步在农村推进农业产业化、农业机械化，延长农业产业链，提高农业产品附加值，千方百计增加农村居民收入。从20世纪90年代初开始"新村运动"进入统筹城乡均衡发展阶段。在广大的农村地区，政府加大对农村教育的投入，力争城乡义务教育公平发展。此外，政府以农村居民医疗保险、社会保障、村公共设施建设等为牵引，在让农民分享社会发展红利的情况下，努力提升农民的精神文化，塑造农民的现代意识，使农村社会在政治、经济、文化、生态等方面全面发展。

推动"绿色革命"，重视农业科技研发与推广。韩国层次分明、职责清晰的农业科技研发与推广组织管理体系，在实现农业农村现代化进程中发挥了重要作用。农业科研和农技推广工作由农林水产部下属的农村振兴厅统一负责，在全国各道郡分别设有农村振兴院和农村指导所。农村振兴厅同时也是全国最大的农业科技公共研究系统，主要负责具有全国普适性的农业科技创新活动，而地方公共研究机构则根据区域需求进行有针对性的科技创新。农业类大学也是农业科技创新、教育和推广的重要组成部分，主要与产业界进行合作，开展应用性研究。同时，政府也十分重视针对农民的农业技术教育，通过各种交流会和学习班，定向培养农业接班人和农村指导员，尤其是针对青少年进行热爱农业、热爱农村的教育。

推动农协发展，健全社会化服务体系。韩国农协作为全球规模最大的综合性农业合作组织，在整合小农经济、衔接政府政策与市场机制中发挥核心作用，弥合小农经济与现代化市场之间的制度鸿沟，构建"生产—流通—金融—福利""四位一体"的服务体系。①供应服务。农协根据组合成员生产和生活的需要，直接与生产厂家或批发部门进行交易，然后通过农协的零售网点以较低价格供给农民。②销售服务，分为自行销售和政策销售。自行销售是指把组合成员所生产的农产品集中起来，统一卖给农协在大城市经营的农产品批发市场或者零售商。政策销售是指韩国政府要求农协的各级销售部门，按照政府规定的优惠价格，统一收购组合成员生产的工业原料作物。③技术推广服务。农协引进优良种子，普及优良品种，通过示范向农民传授先进技术。④金融服务。农协的金融机构通过吸收农村闲散资金，为农民提供贷款服务。受韩国政府的委托，作为政府金融政策的一环，对农业生产和农业开发予以资金支持。

第四节　全球化背景下农业农村现代化的实践启示

国际经验表明，尽管各国因国情不同而采用了不同的农业现代化模式，但不难看出，农业农村现代化作为复杂的系统工程，其实现路径依旧是有章可循的，需要科技创新、制度创新与模式创新的系统协同。这一过程既需遵循国际经验中规模化、精细化、生态化等共性规律，更需立足我国"大国小农"现实构建本土化方案，在守住粮食安全底线的基础上，探索差异化、阶梯式发展路径，实现农业生产效率、农民生活品质、农村生态价值的全面提升。这些国家用时间和事实证明的成功经验，对于我国推进农业农村现代化有重要的启示。

一　因地制宜推进农业农村现代化

由于社会经济基础与资源禀赋的不同，各国探索了适合自己国情的现代农业道路。一个国家究竟采取哪种起步方式走向现代农业，要由其客观的资源条件和经济背景决定。我国推动农业农村现代化也应该从实际出发，借鉴具有普适意义的历史经验，不仅重视各国的成功经验，更要研究其失败教训，引以为戒。当前我国农业农村现代化发展的特点是人多地少，区域发展不平衡，以小农经营为主体。基于资源禀赋特点，我国应当走自然资源节约、技术优先发展、生产集约化和环境友好型的现代农业发展道路。现阶段，主要应从深化农业体制改革和提高农业综合生产能力入手，不断促进农业产业化、社会化、科技化，大力发展高产、优质、高效农业。要建立健全农业市场化、社会化服务体系，在维护家庭经营体制的基础上，通过现代市场经济的契约合同，把独立分散的小农经营纳入"产业化经营"轨道；把农业产前、产中和产后环节有机地结合起来，使农业生产在家庭经营的基础上实现一体化、社会化。

我国区域发展不平衡特征明显，东部、中部和西部农业农村发展区域差异本质上是自然禀赋、经济基础与制度安排共同作用的结果。农业农村现代化的道路选择不可能采用"一刀切"策略，需依托农业资源禀赋，通过"特色产业定位—政策工具包适配—科技创新驱动—多元主体协同"的组合策略实现差异化突破。推动农业农村现代化，应按照区域布局，根据各区域自然资源和经济资源优势，坚持共性与个性的辩证统一，重点突出农业农村现代化模式的差异化和特色化，科学合理地构建区域农业生产力布局，优化农业产业结构，坚持走符合我国国情和农情的发展道路。

二　以科研创新驱动农业生产能力跃升

农业现代化的一个重要标志是科技在农业发展中发挥了较为关键的作用。借鉴发达国家科技创新和技术推广的经验，我国农业科技创新和技术推广应该以市场需求为导向，以质量与效益为中心，不断优化农业科技创新推广和转化的体制机制。坚持创新驱动引领，聚焦特色农业，多渠道加大对重大农业技术攻关、技术改造和支持农业技术推广体系改革的投入，加强农业与高校、科研院所的合作，通过"项目带动推广，推广完善项目"的模式，提升农业科技自主创新能力和成果转化应用能力。农业科研机构和大专院校，要面向生产实践的主战场，进一步明确科技攻关重点，优先研究开发一批关键技术，为产业化经营提供有力的技术支撑。鼓励龙头企业加强与科研院所、大专院校的合作，加快技术改造和技术进步步伐，积极引进、研发和推广新品种、新技术、新工艺、新设备，不断提高产品的竞争力。

农业农村发展的主体是农民，农业农村现代化离不开农民的现代化。强化科技对农业农村现代化的引领作用发挥，不断提高农民素质，围绕农业产业化经营的实践，采取多种形式，培养有关的专业科技人员和经营管理人才，尤其要加强对生产基地农民的培训。在继续加强农业技术特别是成套农业技术培训的同时，通过培训提高农户的市场意识、合作意识、信用意识、质量意识等，使广大农户真正适应农业产业化发展的需要。

三　以社会服务体系保障"小农户"接轨"大农业"

现代农业发展格局已不是单个农民或家庭所能应对的，完善而发达的农业产业组织体系是发达国家现代农业的重要特征之一。从国外农业发展现状来看，将农民组织起来，建立农民协会、农业专业协会、农民专业合作社等农村经济合作组织，有利于组织农民进入市场，将农产品生产者和农产品消费者直接联系起来；可以将不同从业人员、企业、社会组织等联合起来，实现产、供、销一体化，提高产业化水平；农村专业经济协会还是推广农业新技术的重要载体，在信息发布、技术推广、试验示范等方面能发挥良好作用。在稳定家庭承包经营基础上必须探索现代农业的组织创新，提高农民和农村的组织化程度，为农户在生产、销售、生活等方面提供方便，并切实维护和保障农户的合法权益。

持续培育和壮大新型经营主体。以农村能人大户、大学生村官、返乡农民工等为重点，大力培育和发展龙头企业、农民合作社、种植养殖大户、家庭农场和新型职业农民等新型经营主体，并坚持分类指导，逐步推进，加强对新型经营主体的政策支持、资金支持和税收优惠，提升其辐射带动能力，发挥其示范带动作用，充分带动周边农户提升农业生产经营效益。强化新型经营主体与小农户的利益联结。坚持农民的主体地位，构建新型经营主体与小农户的利益联结和分享机制，鼓励新型经营主体充分发挥示范辐射作用的基础上，借鉴"公司+合作社+农户""公司+基地+农户"等模式，开展订单农业、优先雇佣、股份合作等多元的利益联结活动，带动周边农户开展标准化生产，促进小农户与大市场和现代农业的有机衔接，使农民能够充分享受产业融合带来的发展红利。

四 坚持农业可持续发展

现代农业的建设，要追求综合效益最大化，体现经济效益、生态效益、社会效益的协调统一。在效益目标上，既要重视提高土地生产率又要考虑提高农业劳动生产率，既要增加农产品总量又要注重提高质量，保证农产品安全，大力发展优质高效、安全的生态农业。全球经验表明，发展可持续农业已经成为当代各国的共识，是破解粮食安全、生态退化与气候变化危机的重要路径。要实现农业农村现代化，就要在农业自然条件差异、生产条件和农作物多样化的基础上，注重综合效益，通过政策引导、技术渗透和市场诱导的共同作用，逐步发展生态农业，走内涵式发展道路，使农业生产的高速发展与生态环境保护有机结合在一起。强化技术集成应用、生态补偿创新和市场激励，构建绿色生产经营体系，坚持开发与节约并重、节约优先，按照减量化、再利用、资源化的原则，大力推广应用节地、节水、节肥、节药等节约型农业技术，积极发展生态农业、循环农业，发展节约型生态农业。同时，要结合农村生态环境的薄弱环节和突出问题，加强治理，重点治理农村普遍存在的土壤污染、面源污染等问题，同时倡导环保和健康的生活方式，实现生活方式的绿色低碳节约健康转变，促进现代农业发展与人口、资源、环境相协调，实现可持续发展。

第五章 共同富裕视角下农业农村现代化的国内实践与启示

　　模式是指对特定事物类型、原型或典型体制的系统性描述。农业农村运行模式作为经济学研究的重要范式，本质上是对特定农业经济形态和农村社会形态的系统性理论建构。这种模式具有三个特征：首先，在认识论层面，通过类型学方法对农业农村现代化实践进行抽象化处理，将复杂的经济活动提炼为具有典型意义的理论框架，既包含对经济体制原型的描述，也涵盖对运行机制的规律性总结。其次，在方法论层面，遵循"实践—理论—实践"的辩证逻辑，模式来源于群众的生产生活实践，经过学理提炼后反哺于实践指导，形成理论与实践的良性互动。最后，在功能定位上，模式具有鲜明的工具性特征，通过揭示特定发展阶段最本质的经济特征和发展优势，为政策制定提供可操作的参考和具有推广价值的典型经验，揭示农业农村现代化演进的内在规律，并为同类区域发展提供参照系，推动农业农村现代化发展更加符合经济运行的客观规律。

　　农业农村现代化是传统农业生产生活方式向现代产业体系和现代化生活转型的系统性变革过程，以科技创新为核心驱动力，通过现代工业装备和生物技术重构农业生产要素，同时运用现代经济管理方法提升资源配置效率；践行绿色发展理念，统筹人居环境整治与自然生态保护；传承优秀乡土文明，培育与现代文明相协调的乡风民俗；创新基层自治机制，运用数字化手段提升公共服务效能；促进城乡要素平等交换，最终形成基础设施完善、产业活力充沛、环境宜居宜业、文化繁荣有序、治理科学高效的现代农业农村新形态。近些年来，各地在农业农村现代化建设过程中，结合自身禀赋，进行了大量探索，找出许多适合自身经济发展的途径和模式。从理论分析和实践经验的角度出发，对各地在现代农业建设中产生的各种模式进行归纳和总结，对于进一步推动各地农业农村现代化发展具有重要的现实指导意义。

第一节　农业农村现代化的发展历程

我国农业农村现代化发展道路基于自身的基本国情和特殊农情，服从于中国式现代化建设总体战略，走出了一条制度创新引领、技术迭代驱动、城乡融合发展的特色道路。自新中国成立以来，我国关于农业农村现代化的探索大致经历了三个阶段：制度重构与基础夯实阶段、市场化改革与结构调整阶段、全面振兴与高质量发展阶段，并表现出明显的阶段性特征。

一　制度重构与基础夯实阶段（1949～1978年）

新中国成立初期至党的十一届三中全会是我国农业农村现代化的准备时期，始于农业合作化。新中国成立之初，百废待兴，党和政府主要致力于恢复国民经济，在此背景下，党中央提出农业的社会改革同技术改革相结合战略，通过制度变革与技术革新双轨推进农业现代化，为我国农业农村持续稳定发展奠定了优越的制度基石。开展以恢复生产、保障供给为目标的农业社会主义改造运动，同时在总结国际和国内经验的基础上对农业现代化的认识不断深化，推进以机械化、化肥化、水利化、电气化为主要内容的农业现代化。这一阶段的农业农村现代化探索，主要通过制度变革释放组织效能、技术革新提升生产效能的双重路径，在传统农业向现代农业转型中完成三大历史任务：构建农村经济制度、奠定工业化原始积累基础、探索中国特色农业现代化道路。

这个时期农业农村现代化建设的主要特点是：以水利化、机械化为建设重点，依靠集体经济的力量，自上而下，行政推动，在极端困难条件下完成了生产要素的原始积累和制度框架的奠基。20 世纪 50 年代主要从三个方面推进农业现代化：一是选育和推广良种；二是大力兴办农业科教事业，逐步建立全国农业技术推广体系；三是动员农民群众，向劳动模范学习农业生产经验和技术。20 世纪 60、70 年代主要是从农业技术和生产方式变革方面推动农业现代化建设，在加强农田水利基础设施建设和加快农业设备技术改造两个方面发力，涉及大规模水利工程、农田基本建设工程、农业机械化，全国各类水利设施资产总值达到 1000 多亿元，供水能力 4000 亿立方米，修建了大量防洪防涝工程，形成 4700 万公顷的灌溉农田、61 万多座农村小水电和 4700 多万千瓦的排灌装机。农业机械工业快速发展，建成了相当数量和规模的农机生产工厂，1978 年全国农业机械总动力保有量达到 11746 万千瓦，全国农村集体经济实体和国有农场拥有农业固定资产 977 亿元。同时，加强以农作物新品种培育和推广为主的农业科技推广服务，成立中国农业科学院，并建立一批农业科研机构和各级农业技术推广机构，建立起我国农业科学技术研究和推广应用组织系统，农业科学技术作为至关重要的现代农业要素被引入农业系统。

二　市场化改革与结构调整阶段（1978~2012 年）

党的十一届三中全会到十六大是我国农业市场化改革与结构调整阶段，这一时期的农业现代化实践主要通过制度创新释放微观活力、技术创新提升要素效率、结构创新拓展产业空间等走出了一条具有中国特色的转型道路。其经验表明，农业现代化必须坚持市场化导向与政府调控相结合、技术创新与制度创新相协同。这为十六大后统筹城乡发展、建设社会主义新农村奠定了坚实的基础。20世纪90年代初，邓小平审时度势地提出了"两个飞跃"的思想，第一个飞跃是实行家庭联产承包责任制，第二个飞跃是要适应科学种田和生产社会化的需要，发展适度规模经营。这一时期我国农业现代化的典型特征就是进行以建立家庭联产承包责任制为主的农业经营体制和组织方式的变革，农村经济改革发生内生性制度变迁，这一改革重构"统分结合"双层经营体制，土地所有权与承包经营权分离释放微观活力。家庭联产承包责任制扩大了农民的自主权，充分调动了农民的生产积极性，发挥了小规模生产经营的长处，促进了农业生产的发展，提高了农业经济效率。同时，家庭联产承包责任制改革对后来乡镇企业的发展和农业富余劳动力的转移也起到了重要的促进作用。

同时，这一时期农业生产要素现代化进程加快。1978年全国科学大会确立"科技是第一生产力"。1986年"星火计划"实施，累计推广农业技术5.6万项。20世纪90年代，加快农业科技进步被摆在更加突出的位置，中共中央、国务院出台了多个文件，大力实施和推进科教兴农和发展高效农业的战略。2000年农业科技进步贡献率达42%，较1978年提升24个百分点，成为农业现代化的主要推动力量。农业机械化实现跨越式发展，1983年形成小型农机研发体系，2002年农机总动力达5.8亿千瓦，机耕、机播、机收率分别达47.4%、27.6%、20%，较1978年提升28个、19个、16个百分点。产业结构优化升级，这个时期我国乡镇企业发展迅速，吸收了农村大量富余劳动力，不仅带动农村第二、三产业加快发展，而且促进农民收入的大幅增长，形成"苏南模式""温州模式"等发展路径，2002年乡镇企业经济增量贡献占比达37%，使现代生产要素进入农业领域的力度加大。20世90年代末，中共中央提出在沿海发达地区率先实施农业现代化战略，现代农业示范园区和农业科技园应运而生且迅速发展，对我国现代农业发展起着示范带动作用。总体而言，这一时期的现代农业建设开始探索市场经济条件下的制度改革与结构调整，探索符合我国基本国情和特殊农情的现代农业投入机制、农业结构优化和产业发展模式多元化，农业生产组织和农村整体水平与商品化程度、农村工业化和农村社会现代化处于逐步趋向协调发展的过程中。

三 全面振兴与高质量发展阶段（2012年至今）

党的十六大以来，我国总体上进入以工促农、以城带乡的发展阶段，是加快改造传统农业、走中国特色农业农村现代化道路的关键时刻，进入破除城乡二元结构、形成城乡经济社会发展一体化新格局的重要时期。党的十六大以来我国的农业农村现代化实践呈现出系统性重构特征：以保障农产品有效供应、促进农民持续增收、拓展农村就业渠道、维护生态安全为核心导向，依托科技创新驱动、工业装备升级、管理流程优化、加工技术革新及现代营销体系构建等多元支撑体系，通过市场化机制深度整合生产、加工、流通等环节，推动形成全产业链协同发展的新型农业产业格局。这种涵盖生产集约化、经营产业化、功能多元化的现代农业体系日趋成熟，标志着我国农业正加速向高效、绿色、可持续的高质量发展阶段转型。

这一时期的农业农村现代化主要集中体现在以下六个方面：一是明确提出新时期指导"三农"工作的战略思想。结合新时期"三农"工作的新形势、新任务和新特点，提出要把解决好"三农"问题作为全党工作重中之重的战略思想，明确建设社会主义新农村和发展现代农业的基本任务。二是注重制度创新与政策体系重构。在宏观调控中始终坚持加强和保护农业，2006年全面取消农业税，实行"四补贴"（种粮直补、农资综合补贴、良种补贴、农机购置补贴）制度，实施重点粮食品种最低收购价政策，针对粮食主产区和财政困难县实行奖励补助激励政策，强化对农业基础设施建设的支持政策，实行促进农村社会事业发展的政策，逐步形成新时期保护和支持农业的政策体系框架。在改革中，始终坚持把调动农民的积极性和创造性作为改革创新的出发点和落脚点。三是坚持解放和发展社会生产力。把发展农业生产力作为首要任务，从 2004 年起连续 21 年发布中央一号文件聚焦"三农"问题，围绕粮食增产、农业增效和农民增收采取一系列举措，农业装备水平跃升，农业全产业链拓展，新业态蓬勃发展，为促进农村经济社会全面发展奠定了坚实的物质基础。四是强化生态转型与可持续发展。坚持实行最严格的耕地保护和水资源管理制度，把推进农业科技进步作为实现农业增长方式转变的关键环节，增强农业科技创新能力，培育农业新质生产力，把发展资源节约型、环境友好型农业作为实现农业可持续发展的重要途径。五是推动城乡融合与乡村治理创新。六是不断强调深化农村改革，大力推进农业体制机制创新，统筹经济和社会发展，满足农民日益增长的物质文化需求。持续改善农村基础设施，提高农村社会事业发展水平，促进城乡社会保障一体化发展，按保基本、广覆盖、有弹性、可持续原则，搭建起农村社会保障制度框架，逐步缩小城乡差距，农村经济社会发展取得显著成就。

第二节　农业农村现代化的模式研究

在农业农村现代化进程中，各地立足资源禀赋，通过差异化路径探索出适配性发展模式，形成了多元化区域创新格局。从理论分析和实践经验的视角出发，对各地在农业农村现代化进程中的探索进行总结，对于进一步完善和推广典型发展模式具有重要的现实指导意义。

一 科技创新驱动模式

科技创新是推动农业农村现代化的关键力量。科技创新驱动模式就是以现代科学技术为核心驱动力，通过生物、信息、装备等的技术研发、成果转化与推广应用，重构农业生产方式与产业生态，系统性提升农业生产效率、产品质量与产业附加值，推动农业向智能化、绿色化、集约化方向转型。浙江通过智能装备革新、数字平台构建、产学研协同等模式，形成"技术研发—场景应用—产业增值"闭环，通过一系列的创新实践，构建"需求导向研发链、多元协同推广网、市场驱动生态圈"的立体化创新体系，为农业科技"有得用、用得好、用得上"提供系统性解决方案。在农业农村现代化发展领域成就显著，为农业增效益、农民增收入和农村增活力做出了重要贡献。

（一）打造"政产学研用"协同创新生态

一是立体化布局农业技术科研平台。围绕生物育种、现代农机装备与数字农业等重点领域，持续推动农业"双强"行动。2023年，浙江省农业科技进步贡献率达67.97%，农业科技水平居全国前列。同时，强化企业创新，实施"尖兵领雁"计划，培育大疆农业、托普云农等23家科技领军企业。注重全球农业科技资源配置，建立中以（以色列）农业科技园、中荷（荷兰）数字农业创新中心，实现技术引进与自主创新"双循环"。二是强化农业关键核心技术攻关。实施农业领域省重点研发计划项目，加快推进"互联网+农业"，改造农业业务流程。三是注重研发机制创新。在水稻超高产栽培、茶园无人化管理等领域设置"悬赏榜单"，成功破解茶园采摘机器人定位技术瓶颈。推行科研人员"技术入股+现金奖励"模式，推动成果转化收益共享。

（二）破解农业科技"最后一公里"落地难题

近年来，浙江省委、省政府先后制定出台了进一步推动农业科技创新、深入推进科技强农、机械强农、驱动农业现代化先行等一系列政策，农业科技创新能力和服务水平稳步提升。根据岗位承担的责任不同，浙江等地把农技员分为首席农技推广专家、县农技指导员和乡镇责任农技员三类。首席农技推广专家由县内有一定知名度和权威性的农业科技人员担任，负责制定当地的农业科技发展规划，研究提出相应专业领域的产业发展、主导品种和主推技术等方案，带头开展技术试验、示范，为农民提供技术指导服务和相关技术信息。县农技指导员主要由县级农技推广人员担任，负责联系乡镇责任农技员、特色优势农产品基地、农民专业合作社、农业龙头企业和重点示范户等，开展新品种、新技术、新机具的试验示范，承担指导、咨询、培训等工作。乡镇责任农技员主要由乡镇或区域性农技推广人员担任，全面负责若干村（片）全体农户的农技推广服务工作，重点联系若干科技示范户，开展技术指导，及时答复农民提出的技术问题，完成上一级农技推广机构或首席农技推广专家交办的农技推广任务。

（三）构建农民技能培育体系

为加强农民培训工作，培养一支有文化、懂技术、善经营、会管理的农村实用人才和高素质农民队伍，2022年11月，浙江省农业农村厅、财政厅发布《关于加强农民培训管理的通知》，逐步完善农民技能培训体系。一是构建农民技术培训分级分类管理体系。完善"省—市—县"三级联动机制，农民培训项目由省、市、县（市、区）农业农村部门分级牵头组织实施。省农业农村厅是农民培训工作主管部门，负责项目统筹协调、政策制定、监督检查；省乡村振兴促进中心（省农业广播电视学校）作为业务支持单位，负责组织实施和指导服务工作。设区市农业农村部门组织实施市级培训项目，对所辖县（市、区）项目实施进行指导监管；县（市、区）农业农村部门负责做好需求调查、学员选拔、过程监管和质量评价等工作，组织实施县级培训项目。二是精准覆盖培训对象。实施"现代新农人"行动，建立"农民培训数字化管理系统"，分层管理参训人员信息，重点面向农业生产经营者、返乡创业人员及乡村治理从业者，年龄限制放宽至 65 周岁。三是创新教学方式。推行"理论授课+现场实训+技术交流"模式，提供在线诊断服务，提升学习转化率。

二　生态农业引领模式

稻渔复合生态系统是现代农业领域的重要实践创新，其通过空间立体化设计与生物群落协同调控，在传统稻田中植入水生经济动物养殖模块，形成"稻—渔—微生物""三位一体"的物质能量循环体系。这种以生态位分化理论为基础的农业生产范式，通过重构"植物生产—动物转化—微生物还原"的永续循环链，实现资源闭环利用、空间效能跃升、经济生态协同增益，有助于促进农业农村的长期稳定发展。近年来，江苏省兴化市充分挖掘稻田、藕田潜力，通过系统整合稻田与藕塘生态系统，创新构建"水生作物—经济水产品—微生物群落""三位一体"的复合种养系统，形成农业空间重构与生物质能梯级利用的协同发展范式，有力带动产业增效和农民增收。

（一）创新生态种养模式

兴化市作为江苏水产养殖大市和"中国河蟹养殖第一县"，近年来充分挖掘稻田、藕田潜力，大力推进稻田、藕田生态综合种养模式，有力促进农业增效、农民增收、产业发展。兴化市多家新型经济合作组织，沿兴泰路北沿线建设中堡镇千亩立体生态种养示范园区，形成以水稻种植套养小龙虾、河蟹、青虾、虎头鲨等为主要模式的示范稻田综合养殖技术、稻田水产苗种繁育技术、稻田养殖高产栽培技术和稻渔共作拓展模式，形成全市立体生态种养业和现代农业新模式，示范引领全市"蟹稻共作""蟹稻鱼共作"等立体种养模式推广。充分利用稻田资源，将种植、养殖有机结合，资源循环利用，全程使用频振式杀虫灯，减少农药用量，实施清沟消毒、种苗放养、种草投螺、水稻栽插、饲料投喂、水质调控等技术措施，模拟自然生态环境，不施用农药和化肥，生产无公害和有机农产品，实现种养产品品质同步提升的目标。作为生态产品价值实现机制试点市，兴化完成第一次 GEP 核算，制定《兴化市生态产品目录清单》，推进生态产业化和产业生态化。

（二）创新农业科技服务模式

把技术服务融入生态综合种养的产前、产中、产后环节，构建"产前标准引领—产中精准调控—产后价值提升"闭环服务机制，为农户提供全方位的指导服务。近年来，兴化持续加大与省内外科研院所的合作力度，以科技赋能加快培育农业新质生产力。与南京农业大学合作共建全国农业科技现代化先行县，持续选派农业科技人才到农业生产一线，推动一大批技术成果就地转化，创新启用"揭榜挂帅"机制，从南农 42 支申报专家团队中遴选出 8 位学科带头人担任年度课题首席专家，组建 7 支跨领域、多学科交叉互补联合攻关团队和 1 支首席负责制模式构建服务团队，充分发挥"产业核心"带动力量，形成农业全产业链科技支撑。先后与上海海洋大学、南京农业大学、省渔业技术推广中心等院校所站协作，坚持"高校教授+土专家"，邀请一批水产专家常年蹲点，与当地技术人员一起确定生产技术要点，请专家到田头"出诊"，持续提升生态种养系统的技术转化效率。

（三）积极推动生态文旅融合发展

2023 年 4 月，兴化市第十七届人大常委会第七次会议作出了关于加快创建国家全域旅游示范区、推动文旅融合高质量发展的决定。近年来，兴化市以垛田为核心，深挖花海经济，打造了春看菜花、夏观荷花、秋赏菊花、冬品芦花的四季文旅品牌。春季以千垛景区为核心塑造"春看菜花"品牌，积极探索并开展"壹念千垛"实景演出，将夜游经济与文化、经济活动巧妙结合，为兴化的经济社会高质量发展注入了新活力。夏季以里下河国家湿地公园万亩荷塘为中心，提升游客夏季游览体验。秋季以千垛景区菊花花海与兴化大闸蟹为主题，推出品蟹赏菊旅游活动，助力乡村振兴。冬季以里下河国家湿地公园、一号水路芦花为看点，举办多彩兴化暖冬摄影展等系列活动。2024 年创新推出《壹念·千垛》生态水乡风情夜间实景演出，运用无人机、烟花秀、激光投影等特效技术，演绎水乡风华。

三 乡村旅游带动型模式

乡村旅游带动发展模式是以农业为基础载体，通过旅游产业赋能实现农业价值链重构的复合型发展路径。其本质在于突破传统农业单一生产功能，将农耕文化、非遗技艺转化为旅游吸引力要素，通过延伸产业链形成"农业生产（一产）—加工制造（二产）—旅游服务（三产）"的纵向融合体系，构建"农业生产—旅游转化—价值增值—产业反哺"的闭环系统，最终实现农业增效、农民增收和农村振兴的协同发展目标。其以村民为主体、文化为内核、产业融合为路径的发展模式，为传统村落活化提供了可复制的实践经验。陕西"袁家村"以关中民俗文化为主题，创立旅游品牌，以民俗旅游（三产）为引擎，反向拉动农产品加工（二产）标准化升级，最终促进绿色种植（一产）规模化发展，打造业态丰富、产业兴旺、村景一体的关中印象体验地，其业态培育和利益机制，具有典型的示范意义。

（一）坚持文化内核的深度挖掘与创新表达

一是系统性挖掘民俗文化。袁家村以关中农耕文明为核心，系统梳理唐昭陵文化、秦腔戏曲、传统饮食等文化要素，形成了农耕生产、节庆礼仪和手工技艺民俗挖掘体系，设立秦腔、皮影、剪纸等

12 个非遗工坊，通过"老艺人带徒+青年创客创新"模式，复兴 6 项濒危技艺，建成西北首个村级数字文化馆。二是场景化设计体验。复原"前店后坊"空间格局，游客可参与榨油、磨面等 32 项传统农事。仿制 20 世纪 60 年代粮油票证，推行"粮票结算系统"，打造沉浸式体验项目，增强游客参与感与文化记忆点。三是创新传播媒介。融合新媒体矩阵，组建 20 人直播团队，通过"非遗技艺展演+美食制作教学"模式，抖音账号"袁家村故事"粉丝量突破 280 万。

（二）创新组建股份合作制集体经济组织

集体经济模式助力整合资源、集中力量，有效克服分散经营的弊端。一是推进全域股份制改造。盘活集体和群众闲置资产，通过"无物不股、无人不股、无事不股"的全覆盖式股权配置，将集体经营性资产拆分为基本股（38%集体持有）与量化股（62%按户分配），形成"集体控股+农户共享"的产权格局，实现资产确权率100%覆盖。二是创新开放型持股体系。允许本村农户、外来商户（含旅游公司、合作社）交叉持股，构建"社区+产业"双重利益联结，针对商铺、民宿等经营性资产实施"自主选店、交叉持股"机制。三是实行动态均衡治理。建立"基本分红+绩效分红"双重分配模型，收益共享，集体收益留存部分用于生态维护与产业升级；风险共担，设置股权进退调节机制，通过村民代表大会动态调整持股比例，促进生产要素自由流动，实现村集体与农户个体的均衡发展。

（三）始终坚持以农民为主体

袁家村集体组建农民合作社，推动产权治理创新，实行"所有权归集体、经营权放活、收益权共享"的三权统合模式，形成"决策民主化—经营市场化—分配公平化"的闭环系统。让股民和商户组成命运共同体，抱团创业实现共同富裕。依托农民学校对村民和商户进行诚信教育和优质服务教育。联合高校开设乡村旅游管理课程，带动更多村民获得职业资格认证。

四 龙头企业带动模式

所谓龙头企业带动模式，是指由龙头企业作为现代农业开发和经营主体，采用"公司+基地+农户"的产业化组织形式，遵循"自愿、有偿、规范、有序"的原则，将大量分散农民纳入企业的经营开发活动中，进行产业化开发和农业科技成果推广的运行模式。这种由龙头企业建立生产基地的模式称为龙头企业带动型现代农业开发模式。下文以益海嘉里金龙鱼集团作为案例来分析。

（一）优化利益联结机制

完善利益联结机制，不断促进企业和农户在产业链上优势互补、分工合作，带动经营主体和农民实现共赢，金龙鱼采用"企业+合作社+农户"模式，以"四优"（优质品种、优良产地、优价收购、优化技术）策略为核心，推广统一供种、统一植保、统一收购的标准化种植，通过"种植指导—保底收购—加工就业—电商帮扶"四维联动，构建覆盖全国主产区的订单农业网络。在河北蔚县，通过订单种植，溢价收购农户谷子，把上游谷子订单和下游分销渠道串联起来，探索出了以"订单种植、全链整合、品牌赋能、盈利反哺"为特色的产业发展模式。利用金龙鱼的品牌和渠道把蔚县小米推向全国市场。产业大龙头牵手本地小龙头，本地小龙头带动合作社和农户，形成一条稳固的产业扶贫链条。

（二）全链条配套增值服务

按照实际、实效、实用的原则，构建覆盖"生产端—加工端—市场端"的增值服务体系，通过"五统一"（统一种苗、农资、技术、金融、销售）服务为农户提供全方位服务。部署物联网传感器、植保无人机，实时监测土壤墒情、气象数据等多项指标，指导农户优化种植决策。根据粮油作物生长周期设计"种植贷—收购贷—销售贷"全周期产品，创新构建"数据驱动、风险共担、生态协同"的供应链金融体系。粮油产业特性与金融科技深度融合，不仅有利于破解农业小微企业面临的融资难、融资贵困境，而且有利于通过金融赋能提高产业链协同效率，为产融结合服务实体经济提供了创新范本。益海嘉里与顺丰强强联合，打造高效的食品供应链体系。孵化"金龙鱼五常生态米""蔚州贡米"等区域公共品牌，通过定制化包装设计提升附加值，构建"线下商超+电商平台+社区团购"全渠道网络，带动农户增收致富。

（三）示范带动农业新质生产力培育

以创新驱动发展战略为核心，通过整合生物技术、数字技术等前沿科技，重点发展智能农机装备、精准农业管理系统等关键技术，建立覆盖"基础研究—技术攻关—成果转化"的创新生态链，系统性推进农业全产业链技术革新。在全国范围内建设现代农业产业园，积极发展农产品精深加工、绿色循环经济等先进技术和生产模式。培育农业新质生产力，不断提升农业生产效率。同时，发挥头部企业的引领与示范效应，推动行业内外相关产业及经济实体实现技术共享、资源共享、渠道共享、利益共享，形成行业内部龙头带动、优势互补，相关产业相互赋能、共同发展的互融互通大循环"生态圈"，推动我国水稻加工产业高质量发展。

五　产业化联合体带动模式

农业产业化联合体是传统农业向现代农业转型的典型模式，其本质是以农业全产业链协同发展为核心的新型经营组织形式，通过组织创新打破"小散弱"生产格局。各主体通过产业链分工实现互补，以市场化机制驱动一二三产业融合，形成"生产集约化、经营品牌化、服务社会化"的现代农业体系。下文以宁夏昊王优质大米产业化联合体为例进行分析。

（一）构建多方主体协同的组织架构

2018 年，联合体由宁夏昊王米业集团有限公司牵头，联合各产业相关公司、合作社、联合会、家庭农场、优质水稻种植大户及相关服务机构等 32 家成员单位共同发起组建成立，围绕优质粮食种植、加工、销售，依托农业社会化服务组织支撑，建立全产业链服务体系，通过分工协作实现全产业链覆盖，涵盖良种繁育、生产加工、品牌营销等环节，并融入金融保险、技术培训等社会化服务。联合体采取订单农业、股份合作、利润返还等形式建立紧密利益纽带，通过主体协同打破传统农业"小散弱"格局，实现规模经济与范围经济。

（二）强化科技赋能与价值链提升

深化产学研协同创新。联合科研机构、高校与地方技术专家共建产学研合作基地，形成"企业+院校+地方"的研发网络，重点推进东西部跨区域技术合作（如浙江大学、宁夏大学战略联盟），加速科技成果转化与产业化应用。推动生产全流程智能化，引入智能化设备与标准化管理体系，覆盖"品控检测、智能烘干、精深加工、品牌营销"等核心环节，通过流程再造实现稻米精细化生产，保障品质稳定性与附加值提升。创新产品与品牌战略，研发差异化产品线（如 5D 工艺"冷鲜香"大米、"红宝米"等高端品类），同步推进商标注册（"昊王"）与品牌营销体系建设，以技术创新驱动市场竞争力增强，实现增值收益共享。

（三）构建多层次金融支撑体系

一是设立联合发展基金。依托成员共同注资设立专项资金池，联动金融机构按 1∶10 杠杆放大授信额度，定向支持种植、农资采购等环节的融资需求，有效缓解农户与中小经营主体贷款难问题。二是创新粮食仓储金融化服务。创新推出"粮食银行"综合平台，提供"存粮分红+灵活兑付"服务，即农户通过契约保留粮食所有权，将经营权以定期/活期形式让渡企业，获得年化 6% 收益分红，并可按需提取实物或兑换其他农产品。三是构建全链条风险防控体系。联合保险机构构建"政策性保险+商业补充险"双重保障机制，覆盖自然灾害、价格波动等风险，增强产业链韧性，推动稻米产业可持续发展。

第三节　农业农村现代化的实践启示

对上述发展模式进行归纳和总结，对把握发展规律，汲取智慧力量，全面推进乡村振兴、加快我国农业农村现代化具有重要的启示意义。

一　坚持因地制宜，发展乡村特色产业

乡村特色产业是地域特征鲜明、乡土气息浓厚的小众类、多样性的乡村产业，涵盖特色种养、特色食品、特色手工业和特色文化等，是乡村振兴的核心驱动力，其发展必须立足地域特征与资源禀赋。当前，我国乡村产业面临同质化竞争、要素配置低效等问题，亟须探索因地制宜的特色化发展模式。党的二十大报告明确提出，加快建设农业强国，要发展乡村特色产业，拓宽农民增收致富渠道。一是要精准定位核心产业。统筹分析区位条件、产业基础及市场需求，避免盲目跟风，深度挖掘地理环境、传统技艺、文化习俗等特色资源，在产业选择中遵循"三优先"原则，即优先发展资源转化型产业、优先培育文化传承型产业、优先布局市场需求导向型产业，通过分类指导与差异化布局，将"土特产"转化为品牌优势。二是要推动农业产业链纵深发展。根据市场需求，利用现代信息、现代物流与现代商业模式等技术与管理手段，优化产业链管理，实现产供销、农工商协同化发展，提升农产品加工转化增值空间，运用现代经营方式，将产业链

条向消费终端延伸，拓展仓储物流、电商营销等环节，推动初级产品向精深加工转型。三是培育发展新产业新业态。农业与现代信息技术加速融合与创新，使农业农村资源要素的组合方式不断发生变化，催生新产业、新业态和新的经营模式，探索发展乡村特色产业的有效途径。跨界优化资金、技术、管理等生产要素配置，挖掘特色农业食品保障、生态涵养、休闲体验、文化传承等多种功能，实现特色农业横向、纵向产业关联。

二 坚持农民主体，维护农民根本利益

农民是农业农村现代化进程中的主体，其利益实现、需求满足和素养提升直接关系到农业农村现代化的推进。要坚持农民的主体地位，让农民在农业农村现代化建设中分享到更多的成果。一是大力培育新型经营主体。在稳定家庭承包经营、农民主体地位和首创精神的基础上，面向现实需要，同类农产品或农业生产经营服务的生产经营者在自愿民主的原则下，在农业生产经营过程中发展多种形式适度规模经营，大力培育和发展龙头企业、农民合作社、种植养殖大户、家庭农场和新型职业农民等新型经营主体。二是不断优化农户与新型经营主体的利益联结机制。鼓励新型经营主体积极发展农业联合体，通过与龙头企业的对接，不断健全和完善小农户与农民专业合作社、家庭农场和种植养殖大户的利益联结模式，使小农户成为现代农业发展的参与者和受益者，分享产业发展红利和产业链增值收益。三是持续提升广大农民群众参与农业农村现代化的综合能力。加强多元化的教育培训，依托送教下乡、农村课堂、培训学校等方式和载体，大力普及科学文化知识，支持新型职业农民通过弹性学制参加中高等农业职业教育，培养新型职业农民，促进农民群体从传统生产者向现代经营者转型。

三　坚持创新引领，驱动农业转型升级

农业农村现代化的关键在于科技进步和创新，要遵循农业科技规律，围绕发展新质生产力布局产业链，围绕产业链部署创新链。一是加强农业基础研究和前沿技术探索。新质生产力本质上是以颠覆性技术创新为核心驱动的生产力，要以产业急需为导向，聚焦底盘技术、核心种源、农机装备等领域，支持农业领域重大创新平台建设，加快农业关键核心技术攻关，推进农业产业高科技、高效能和绿色化的迭代升级。二是完善科技成果转化机制。整合各类优势科研资源，推进农业科研项目管理模式创新，构建以企业为主体的农业科技创新联合体，围绕产业化过程中关键核心技术开展协同攻关与联合研究，实现市场需求、研发、推广的同频共振。三是提升基层农技服务效能。以农民实际需求为导向，充分利用传统媒体、网络、移动应用等数字化工具，多种渠道广泛宣传农技知识和新技术。积极建立农业科技示范基地，开展现场示范和实地指导，提高农民采用新技术的意愿。建立健全技术服务体系，及时解决农民在应用新技术过程中遇到的问题，打通科技进村入户"最后一公里"。

四　坚持多方协同，凝聚农业农村发展合力

农业农村现代化是一项复杂的系统工程，要注重资源整合，发挥政府、市场和社会各方的作用，形成政府、龙头企业、新型经营主体、农民、城市工商资本等广泛参与的多元格局，凝聚农业农村现代化的合力。一是充分发挥政策引导作用。注重科学布局和长远规划，因地制宜制定农业农村现代化发展规划，通过实施一批重点工程项目，如农村基础设施改善、农业产业升级、生态环境保护等，带动农业农村现代化建设的全面提升。二是构建产业化联合体。充分发挥龙头企业、农民专业合作社、家庭农场的作用，以合作制为基础，以利益机制为

纽带，构建分工明确、优势互补、风险共担、利益共享的农业产业化联合体。通过建立多种形式的利益联结机制，让农民更多分享产业链条增值收益。三是不断完善城市人才下乡的激励政策与合作机制。科学设计城市文教卫体科技专业服务、兼职或志愿者服务机制，并给予一定的政策倾斜，为返乡农民工、农村大学生、复转军人返乡创业就业提供丰富的平台和激励政策，大力支持和引导城市专业人才向农村流动，为农业现代化提供人才保障。引导城市工商资本下乡，投资适合企业规模化生产经营、农民能受益的种植养殖业，积极投身乡村产业发展。

五　坚持底线思维，助推农业可持续发展

人与自然和谐共生是中国式现代化的重要特征，绿色兴农是农业强国建设的题中应有之义，也是加快实现农业农村现代化的必然要求。一是构建绿色生产技术体系。以生态优先、资源循环、环境友好为核心导向，充分发挥农业科技资源优势，突破绿色技术瓶颈，建立资源节约型技术体系，构建种养循环模式，通过科技创新与制度保障协同，实现农业生产方式向资源集约化、过程清洁化、废弃物资源化、产业链生态化的系统性转变。二是强化农村生态环境治理。结合农村生态环境的薄弱环节和突出问题，加强治理，重点治理目前农村普遍存在的土壤污染、面源污染等问题，推进化肥农药减量使用，实行农业生产废弃物及农膜集中回收处理，加强土壤污染源头管控和防治。开展产地金属污染普查，利用信息技术实现动态监测和反馈，切实解决好农业农村发展面临的生态污染问题。三是持续改善农村人居环境。重点在村容村貌美化、厕所改革、垃圾和污水处理等方面，整治农村人居环境，建立完善农村垃圾、污水治理设施及运行管理维护体制机制，坚持建管并重，区分轻重缓急，统筹建设顺序和后期管护。结合生态与景观建设需要，科学规划，深挖潜力，改善公共空间和庭院环境，建设绿色生态村庄。

第六章　全方位夯实粮食安全根基

"仓廪实，天下安。"粮食安全作为国家战略，是民生之本。推进中国式现代化与保障国家粮食安全具有内在关联，作为全球人口规模最大的现代化进程，中国式现代化需以粮食自主可控为基础，我国基本国情决定了粮食供给必须立足国内生产体系，通过科技创新与耕地保护持续提升产能，实现"谷物基本自给、口粮绝对安全"的战略目标。这不仅关乎"吃得饱"的基础生存保障，更涉及"吃得好"的品质升级需求。中共中央、国务院印发《乡村全面振兴规划（2024—2027年）》，把确保国家粮食安全作为现代农业建设的首要任务，全面落实粮食安全党政同责，坚持稳面积、增单产两手发力，确保粮食播种面积稳定在17.5亿亩左右、谷物面积14.5亿亩左右。组织实施新一轮千亿斤粮食产能提升行动，大力实施粮食单产提升工程，推动粮食产能稳步迈上1.4万亿斤台阶。到2027年，要实现国家粮食安全根基更加稳固，农业综合生产能力稳步提升，确保中国人的饭碗牢牢端在自己手中的重要目标，并将"加快现代农业建设，全方位夯实粮食安全根基"列为九项重点任务之一。加快现代农业建设，全方位夯实粮食安全根基是应对外部不确定性、确保国家粮食安全的必然要求。

中国式现代化对国家粮食安全体系提出了更高要求，要通过深化改革强化政策对生产、储备、流通等环节的引导作用；并发挥市场在资源配置中的基础性功能，形成更高效的粮食价格形成机制和供需调节模式。同时，现代化进程加速了农业技术创新和装备迭代，智能农机、高标准农田等技术有利于改善基础设施，优化生产条件；生物育种、数字监测等技术有利于提升风险防控水平，提升抗灾能力；精准施肥、节水灌溉等技术有利于提高资源利用率，促进提质增效。这样的技术跃迁与产业革命的深度融合，为粮食安全构筑起坚实的物质保障和技术支撑体系。

第一节　落实"藏粮于地"，
加大耕地保护与农田建设力度

耕地作为农业生产的载体，是无弹性的农业生产要素，具有稀缺性和不可替代性，不仅具有经济价值，而且具有重要的社会价值和生态价值，对保障粮食安全有重要的意义。一是保障粮食安全的核心根基。耕地数量直接决定粮食产能上限，严守18亿亩耕地红线，确保耕地面积稳定，是保障粮食安全的"压舱石"。通过高标准农田建设，破解耕地退化、地力透支等难题，实现"同等面积产更多粮食"，应对粮食产需紧平衡的长期态势。同时动态调控粮食产能。通过休耕轮作、地力修复等方式保持"休眠产能"，在突发灾害或国际供应链波动时，快速激活生产能力，增强应对国际粮价波动和自然灾害的韧性，降低粮食安全风险。二是优化农业生产资源配置。农业农村现代化进程的顺利推进，离不开农业生产要素的投入与合理配置。通过完善耕地占补平衡制度与跨区域指标交易机制，推动土地资源向高效益农业区域集中，促进粮食主产区规模化经营和全产业链升级。三是提升农业可持续发展能力。统筹耕地保护与生态功能，避免生态脆弱区过度开发，通过水土保持、碳汇储存等生态服务，减小水土流失和气候变化影响，维护农业生态系统平衡。

"藏粮于地"是以耕地保护为核心，通过技术、制度和生态手段构建动态粮食安全保障体系，体现"生产能力储备"与"可持续发展"的双重逻辑。2005年中央农村工作会议首次提出"藏粮于地"，旨在通过耕地保护和地力提升保障粮食产能，而非单纯依赖库存储备。2016年"十三五"规划将"藏粮于地、藏粮于技"纳入国家粮食安全战略，明确要求严守耕地红线，建设高标准农田。针对当时粮食库存过剩、耕地生态压力加大的矛盾，提出"生产能力储备"替代"粮食库存积压"的转型思路。"十四五"规划进一步强调深入推进藏粮于地、藏粮于技战略，将耕地质量提升与农业科技创新列为重点任务。2024年中共中央办公厅出台专项文件，细化耕地保护、占补平衡等制度，推动高标准农田建设与黑土地保护工程深度融合。2025年中央一号文件《中共中央 国务院关于进一步深化农村改革 扎实推进乡村全面振兴的意见》明确提出，强化耕地保护和质量提升。严格耕地总量管控和"以补定占"，将各类耕地占用纳入占补平衡统一管理，确保省域内年度耕地总量动态平衡。通过耕地数量管控、质量提升和功能优化等路径，筑牢粮食安全根基，同时推动农业现代化进程加快。

一　聚焦粮食生产目标任务，落实"长牙齿"的耕地保护硬措施

（一）严守耕地保护红线

保障粮食和重要农产品产量的前提是播种面积的相对稳定。全面落实粮食安全"党政同责"，严格粮食安全责任制考核，坚持五级书记一起抓粮食安全，压实地方主体责任，完善粮食安全责任和耕地保护责任目标落实情况与考核监督机制，确保粮食播种面积和产量稳定。我国人口基数大、粮食需求刚性增长，18亿亩耕地是确保粮食自给率稳定在95%以上的基础。要聚焦粮食生产目标任务，坚决守

住耕地红线，严格实施耕地"以补定占"制度，确保补充耕地数量相等、质量相当。严格落实粮食生产功能区种粮属性，明确耕地种植正面清单，现有耕地优先用于发展粮食生产，一般耕地主要用于粮食、油、菜等农产品及饲草料生产。同时，利用卫星遥感构建"天空地一体化"监测网络，建立健全耕地种粮情况监测评价系统，防止粮食生产功能区粮田"非粮化"，为粮食稳产增产提供基础支撑。

（二）重点推进高标准农田建设和中低产田改造，持续提升耕地质量

高标准农田是通过系统性土地整治形成的优质耕地，通过整治形成集中连片、规模适度的田块，便于机械化作业和规模化经营，建成后耕地可抵御旱涝等自然灾害，粮食产能稳定提升，实现"旱能灌、涝能排、灾能防"，推进高标准农田建设是提升粮食和重要农产品产能的重要举措。要科学规划区域布局，重点加大粮食生产功能区高标准农田建设力度，积极探索高标准农田新增耕地和新增产能的产出路径。优先在东北黑土区、平原地区及水利条件优越区域推进高标准农田建设，以高标准农田建设七大主推模式为重点，开展土地平整、土壤改良、灌溉排水工程，推行"小田并大田""宜机化"改造等建设，通过"田、土、水、路、林、电、技、管"综合治理，实现田块平整、灌排畅通，建立"县—乡—村"三级管护机制，设立专职管护站并引入灾害保险，确保设施长期稳定运行。同时，分类施策与靶向治理，加大中低产田改造力度，提升耕地地力等级。实施农机深松整地，推广秸秆还田、绿肥种植、调酸压碱等技术，加强耕地污染治理，不断提高基础地力和作业效率，为粮食产能提升提供有力支撑。

（三）探索构建高效稳定的土地流转关系，推动粮食生产适度规模经营

推动新型经营主体采取土地股份合作、土地托管、代耕代种等

多种方式发展粮食生产适度规模经营。继续完善县乡村三级土地流转服务平台，积极培育土地流转中介服务组织，开展流转信息登记发布、合同指导、价格协调、土地产权评估、合同签订、法律政策咨询、纠纷调解等服务。完善土地流转践信履约机制。强化农民土地经营行为中的权利与义务对等的观念和意识，提高农民契约精神，确保把土地持续流转到种粮能人的手里。提高土地流转合同签订的比例，明确各方权利义务、土地流转仲裁、争议的解决方式和流程。做好前置审查，防范履约风险，做好全程监管，化解经营风险，平等保护流转双方合法权益，确保种粮新型经营主体适度规模经营的稳定性。同时，加强对流转合同履约情况的跟踪监管和对流转土地用途的跟踪监控，防止耕地经营"非粮化"倾向，严厉查处违反"非农化"行为。

二　健全种粮收益增长机制，持续激发农民种粮积极性

习近平总书记在中央全面深化改革委员会第五次会议上的讲话指出，稳定粮食生产，确保粮食安全，必须保护和调动农民种粮和地方抓粮积极性，健全种粮农民收益保障机制和粮食主产区利益补偿机制，提高政策精准性、实效性，夯实粮食安全根基。"藏粮于地"，首先要确保土地用于种植粮食，稳定粮食种植面积是保障粮食安全的基础，而提高农民种植粮食的积极性是实现这一目标的关键。

（一）坚持全产业链开发，保障农民合理收益

推动粮食全产业链发展，要坚持延伸产业链、提升价值链、优化供应链并重，协调推进，突出特色。通过发展主食产业化和粮油精深加工，推进产业链向产前产后延伸，打造从田间地头到餐桌的粮食全产业链，确保农民多环节、全链条参与利益分配。

（二）坚持定向发力，提高种粮补贴的指向性和精准性

首先，补贴向规模经营适度倾斜。新增农业补贴重点向新型农业经营主体倾斜，在条件成熟的地区探索差别化的粮食生产补贴体系。设立粮食生产新型经营主体专项基金，根据生产经营规模确定补贴标准和比例。在按实际种植面积补贴的基础上，在流通环节按种粮农户交售粮食数量实行"阶梯式"补贴，充分调动大户的积极性和主动性。其次，补贴向社会化服务环节适度倾斜。从种粮农户的实际需求出发，通过贷款贴息、项目补助、专项奖励等方式，支持新型经营主体立足生产经营需要，在良种种苗繁育、病虫害统防统治、测土配方施肥、技术推广、农机作业、生产资料供应、粮食烘干等环节，开展社会化服务。最后，补贴向改善农业生产条件适度倾斜。烘干、仓储设备和机库棚等农机设备和生产性用房的不足，极易导致粮食在储藏、运输和加工环节的损失。要进一步落实支持新型农业经营主体建设用地的有关规定，支持各县域根据实际情况，对年度建设用地指标、城乡建设用地增减挂钩节余用地指标依法依规向新型农业经营主体倾斜。合理引导新型经营主体充分利用村庄闲置地、节约的建设用地或复垦的土地，建设粮食生产用仓库、晒场、农机库等设施，有效避免由种植附属设施不足带来的损失。

（三）坚持龙头带动，完善种粮新型经营主体与农户的利益联结机制

随着工业化、城镇化和农村经济的发展，种粮大户、合作社、家庭农场等新型经营主体逐渐成为稳产增粮的重要力量。完善种粮新型经营主体与农户的利益联结机制，是带动农民增收的有效途径。要大力推广"龙头企业+合作社+农户"的发展模式，积极引导和鼓励粮食加工企业通过订单农业、土地流转等方式，与专业合作社、农户建立长期稳定的粮食产销合作关系，形成风险共担的利益共同体，促进种粮主体增收。

三　强化粮食生产服务，为稳定粮食产量提供有力保障

（一）坚持全链条协同，发展粮食生产性服务业

聚焦关键薄弱环节和小农户，加快发展农业社会化服务。要以县域为单位搭建粮食产前、产中、产后 MAP 服务模式，大力发展社会化服务组织，特别是农机、植保、测土配方施肥等行业的农民合作社。在增强和拓展农业公益性服务功能的同时，大力发展粮食生产经营性服务。采取政府订购、定向委托、奖励补助、招投标等方式，引导经营性组织参与，充分满足农户对社会化服务的需求。

（二）坚持精准对接，拓宽粮食生产经营融资渠道

首先，增加授信额度。建立新型农业经营主体评级体系及信用评级机制，尽快完善信用信息平台和数据库，对其生产性贷款实施基准利率，差额部分由地方财政进行贴息。积极引导银行与担保公司开展涉农领域合作，逐步降低对抵质押物的依赖，充分考虑涉农主体融资需求和还款能力，在风险可控的前提下增加授信额度。其次，扩大抵质押物范围。鼓励农行、农信社等涉农银行扩大农业农村抵质押物范围，探索开展入库粮食、农用设施为抵押物的贷款模式。创新抵质押物监管方式，采用第三方物流抵质押监管等专业化管理方式，降低信息不对称，保证抵质押物保管流转的全流程透明运行，保证粮食等易腐败抵质押物的价值，让银行"能够贷、敢于贷"。拓展农业保险融资增信功能，探索贷款保证保险合理分担机制，扩大保单质押范围。最后，简化信贷手续和流程。放活借贷还贷期限，结合粮食作物生产周期调整还贷时间梯次，实行错峰还贷，不断满足种粮主体多元化资金需求。

（三）坚持协同创新，推动粮食保险扩面提标

首先，积极探索创新保险模式。推动粮食作物完全成本保险和收入保险等农业政策性保险试点发展，多层次多点位分担种粮风险。增

加保险标的，把可能导致粮食生产损失的自然风险、市场风险纳入保险保障范围，重点完善遭遇极端气候的保险理赔制度，加强天气指数、价格指数等指数类产品的研发和推广。加大政策性农业保险保费补贴力度，提高保费补贴比率及保险金额，增强种粮主体抵御自然灾害的能力，分散转移粮食生产风险。其次，探索建立联合定损理赔机制。整合打通财政、农业农村、林业、气象、保险机构的涉农数据和信息共享渠道，动态掌握参保种粮主体生产经营情况。在充分尊重保险机构产品开发、精算定价、承保理赔等经营自主权的基础上，基层政府和部门协助保险定损和纠纷调处。指导县区探索基层政府牵头，由财政、农业农村、林业部门、农业专家等组成的损失核定委员会，设立第三方专业技术鉴定机构，协助承保机构做好查勘定损，有效化解农业保险矛盾纠纷。最后，健全基层农业保险服务网络。在乡镇和村委会设立三农保险服务站，培养"知农时、懂农事、察民情、体民心"的专业服务队伍，加强农险员工管理和协保员培训工作，提升基层操作人员合规意识与合规水平，打通农业保险服务"最后一公里"。

第二节 坚持"藏粮于技"，
强化现代种业科技创新支撑

科学技术的发展是农业生产不断进步的前提。传统农业向现代农业的转化，就体现为以高科技为主导的高能量、高物质投入代替经验型的简单体力劳动，以此促进农业生产水平的提高。历史经验和实践证明，科技进步是农业生产发展的强大动力，在人类农业发展的历史进程中，其每一个阶段都是以技术进步和技术变革为标志。当今世界，新的农业科技革命蓬勃兴起，全球农业正经历以技术突破为驱动的系统性变革，其核心特征体现为多学科交叉融合与全产业链升级信息。数字化技术重构农业生产范式，生物技术突破种业天花板，设施农业重塑空间生产力，可持续技术构建生态闭环，交叉学科催生新兴增长点，标志着农业进入知识密集型发展阶段。其深远影响不仅在于生产力提升，更在于重塑全球粮食安全格局。

"藏粮于技"是以现代科技创新体系为支撑，通过集成应用良种培育、精准施肥、智能设施农业及精深加工等全链条技术，突破土地与资源约束，推动粮食生产从"量"到"质"双提升的战略模式。其本质是通过技术革新，在单位面积内实现高产稳产，同时延伸产业链条提升附加值，构建资源集约、环境友好的可持续粮食安全保障体系。2015 年，我国"十三五"规划建议明确提出实施藏粮于地、藏粮于技战略，首次将科技创新与耕地保护并列作为粮食安全核心举措提出。2017 年，习近平总书记在中央农村工作会议上强调真正把藏粮于地、藏粮于技战略落到实处，提出高标准农田、现代种业、农机装备三大技术突破方向。2021 年，"十四五"规划提出深入推进藏粮于地、藏粮于技，明确将农业生物育种、智慧农业等前沿技术纳入战略实施清单。2023 年，中央财经委员会第二次会议部署耕地保护与科技赋能协同机制，要求"守住耕地红线"与"突破种业芯片"双轨并行。2024 年，中共中央办公厅发布耕地保护专项文件，配套建设 1200 个智慧农业示范基地。通过政策迭代与技术突破的协同演进，"藏粮于地、藏粮于技"成为保障国家粮食安全的长期制度性安排。

一 强化种业创新，突破粮食增产瓶颈

种业作为农业"芯片"，直接关系国家粮食安全与农业竞争力。粮食与重要农产品供给体系安全稳定的核心路径在于构建种源自主创新体系，通过突破生物育种关键技术和优质种质资源开发，为国家食物安全战略提供源头保障。《国务院办公厅关于践行大食物观构建多

元化食物供给体系的意见》（以下简称《意见》）明确提出，加快育种创新，深入实施种业振兴行动，构建与食物开发相适应的种业创新体系。要立足农业生产和市场消费对优良品种的需求，聚焦种质资源保护利用、育种创新攻关、供种能力提升等环节，实施种业振兴，为国家食物安全战略提供源头保障。

（一）构建高效开发体系，强化种质资源利用

加快国家畜禽种质资源库、农业微生物种质资源库建设，完善以国家农作物种质资源长期库为核心，中期库、种质圃和原生境保护点为依托，省级资源库圃为补充的保护利用体系。构建种质资源精准鉴定技术体系，建立"科研院所+龙头企业+基因银行"多主体协同创新机制，重点突破高通量表型组学检测、AI辅助基因功能预测等关键技术。系统开展植物光合效能提升、动物蛋白转化率优化、微生物合成代谢调控等专项攻关。创新建立"种质资源产业化潜力指数"评价模型，推动特种生物资源的定向开发，形成涵盖新型植物蛋白、细胞培养肉、功能微生物制剂的多元化食物供给矩阵。实施特色资源种源开发工程，建立种质资源使用效益分成机制。加快推进种质资源库建设与商业化育种应用，确保前端创新与后端产能的有效衔接，推动种质资源优势转化为产业优势。

（二）强化育种创新攻关，确保关键领域自主可控

围绕高产稳产、绿色优质、农机适配等关键指标，实施"大面积单产倍增计划"，聚焦种质创制、基因编辑调控网络等底盘技术，重点突破抗逆性、养分利用效率等性状改良瓶颈技术；针对智能育种装备、工厂化制种工程等产业瓶颈，实施种业装备专项攻关，重点突破"卡脖子"设备国产化。建立"国家专项+区域协同"双轨制攻关模式，推进基因编辑、全基因组选择等前沿技术产业化应用；实施"育繁推一体化"培育工程，建立研发投入税收递延抵扣机制，对突破性品种实行市场独占期奖励；加速成果转化，构建"院校发现—

企业验证—市场反馈"三级转化链，建立种子工程化平台，缩短重大品种产业化周期，实现种质资源定向开放共享。

（三）加快种业基地建设，提高供种能力

调整优化国家级种业基地布局，实施"三级基地"动态调整机制，在玉米、水稻、大豆等主产区布局国家级制种大县，配套建设区域性良种繁育基地及畜禽核心育种场，同时，支持地方开展特色种业繁育制种基地培育，同步建设区域性良种繁育基地和畜禽核心育种场，形成覆盖全国主要生态区的种源保障网络，满足多元化食物生产的用种需求。

二　增强农业科技创新能力，重构粮食生产范式

农业科技创新是提高粮食生产效率和质量的重要手段。以数字技术与生物技术融合为突破点，农业科技创新成为粮食产能提升和全产业链升级的关键支撑，实现生产效率跃升与品质精准调控。从种源创新到智慧管理，农业科技系统性重构粮食生产链条——依托生物育种缩短研发周期，结合卫星遥感优化资源分配，构建技术链—产业链—价值链闭环，推动产量与质量双突破。

（一）数字技术融合，推进农机装备现代化

马克思在《资本论》中指出，各种经济时代的区别，不在于生产什么，而在于怎样生产，用什么劳动资料生产。判断一个社会的经济时代和劳动形态，最主要的标尺是生产工具，即"用什么劳动资料生产"。数字经济下，数字技术和数据要素成为极为重要的生产资料，具有广泛的渗透性和明显的协同性。随着数字乡村建设的加快推进，数字技术在农业生产各环节深入渗透，具有边际报酬递增效应的算力和算法等成为重要的生产要素，也催生了数字设备、平台等新型生产工具，将互联网、大数据、人工智能等技术手段，融入粮食生产、分配、交流和消费等经济社会环节，对其他生产要素进行互补或

代替，不断丰富农业生产场景，改造升级传统生产工具，催生具有智能化、自动化特色的农机装配，推动农业生产经营方式发生变革，扩展农业生产的可能性边界，提高农业资源配置效率和生产效率，保障粮食生产效率和质量。

（二）强化生物技术应用，改良粮食作物品质

加强以基因编辑、干细胞育种为代表的生物技术推广应用，精确、快速生成作物改良所需的基因突变，定向优化营养成分，发展功能性农产品，培育出产量更高、更有营养、更耐受极端天气的作物，实现从营养成分、食用安全到加工性能的多维度品质升级，推动农作物从"高产饱腹"向"功能化、定制化"转型。为探索粮食合理储备规模、分析粮食加工品质、细化粮食品质判定规则、制定粮食相关标准，提供科学理论依据。

（三）推广绿色高效生产模式，促进粮食产业绿色转型

推行"三级书记共抓粮食安全"制度，将绿色生产目标纳入县域乡村振兴考核体系，建立区、镇、村纵向责任传导链条，配套"四包责任制"实现任务精准分解，形成"党政同责+干部包联"的网格化管理格局。围绕绿色仓储技术、粮食快速检测技术、粮食高效物流技术、粮油加工关键技术和粮油加工副产物高效利用技术等领域的装备创新，强化技术集成与场景落地，聚焦核心技术突破，重点推广智能节水技术和生态种植模式，应用基于智能传感器、卫星遥感与GIS技术的农田数字化管理系统，实现土壤养分、作物长势的实时监测与动态调控。以土壤承载力为基础，改进堆肥还田、栽培基质利用、沼气发电等农业废弃物资源化利用技术，探索推广农业废物生态种养、工厂化处理和社会化服务等模式，开展废弃物资源化利用市场化活动，充分发挥新型经营主体的示范带动作用，推广绿色高效生产模式。

三　完善科技创新生态体系，协同推进农业科技创新与推广应用

在耕地资源约束与气候变化加剧的背景下，构建系统化、开放性的粮食科技创新生态体系成为保障粮食安全的重要内容。要以"基础研究—技术转化—产业应用"为主线，整合政府、科研机构、企业、农户等多元主体，构建技术研发、政策支持、市场驱动"三位一体"的协同发展模式，不断完善科技创新生态系统的要素构成与运行机制。

（一）明确主体要素与功能定位，构建粮食科技创新生态体系

加大对农业科技的投入，明确农业科研机构、龙头企业、高等院校和新型经营主体的功能定位，构建"企业出题、院所解题、市场阅卷"的需求导向型研发模式和利益共享与风险共担机制，依托国家级农业技术创新联合体，在涉农高校增设智慧农业、合成生物等新兴学科，以数字技术与生物技术融合为突破点，通过跨学科攻关与全要素整合，促进智能装备研发、基因编辑育种与数据模型优化，多主体协同推进，推动农业科技成果转化和应用，实现粮食产能提升和全产业链升级，为粮食稳产增效提供底层技术保障。同时，依托《粮食和农业植物遗传资源国际条约》，建立跨国技术共享机制，构建国际协同网络，同步解决生产效率制约与粮食安全风险。

（二）全产业链服务延伸，完善粮食科技推广体系

构建县、乡、村"三级联动"基层服务网络，配置专职农技员、村级监测预警员，通过农事课堂、云端实训等方式培训乡土专家，形成"专家带骨干、骨干带大户"的技术扩散链，构建新型农业经营主体、科技服务企业等市场化服务力量参与农技推广体系，用好科技特派员、科技小院等服务模式，积极利用数字化工具，缩短技术扩散周期，开发全链条服务场景，破解"最后一公里"难题，将农技服

务直接送到田间地头，增强技术适配性与农民获得感，促进粮食领域科技成果向现实生产力的高效转化。

（三）实施高素质农民培育行动，提高农民的科技素养

聚焦粮食和重要农产品稳定安全供给，面向家庭农场主、农民合作社和农技协带头人、种养大户等新型经营主体，构建分层分类培育体系。打造数字化农业科技推广体系，增强基层农技服务网络韧性，实施农民科技素养系统性培养工程，提高农民对新技术的意愿和应用水平。积极利用新媒体手段的互动优势，如微信公众号、微博、抖音等平台，开展线上培训和咨询服务，丰富培训服务形式，拓宽覆盖面，通过主体能力再造与服务体系重构，推动农业科技成果在基层的应用。

第三节　践行"大食物观"，统筹推进做优增量与盘活存量

大食物观是党中央基于新时代国情提出的战略性粮食安全理念，是传统粮食安全观念的创新与拓展。其核心在于突破传统"以粮为纲"的单一思维，将食物供给体系拓展至全资源领域，通过多元化开发满足人民群众对营养健康食物的需求。习近平总书记明确指出："现在讲的粮食即食物，大粮食观念替代了以粮为纲的旧观念"，[①] 强调肉、蛋、禽、奶、鱼、果、菌等均属于粮食范畴，需统筹开发耕地、森林、海洋等资源。构建粮经饲统筹、农林牧渔结合、植物动物微生物并举的立体化多元化食物供给网络，要从耕地资源向整个国土资源拓展，从传统农作物和畜禽资源向更丰富的生物资源拓展，向耕地草原森林海洋、向植物动物微生物要热量、要蛋白，全方位多途径开发食物资源，从保障"吃得饱"转向满足"吃得好""吃得健

---

① 习近平：《摆脱贫困》，福建人民出版社，1992。

康"，是推动农业供给侧结构性改革的重要内容，更好地满足居民食物消费升级的需求。树立和践行大食物观，开发多元化的食物供给渠道，有助于提高国内食物生产系统的韧性，应对国际贸易的不确定性。

大食物观是对传统粮食安全观念的创新与发展。1990 年，习近平同志在福建工作期间提出"大粮食观念替代了以粮为纲的旧观念"，[①] 突破单一谷物供给思维。随着经济全球化、新一轮科技革命和产业变革加速推进，保障国家粮食安全面临新的形势。2013 年中央经济工作会议明确提出必须实施以我为主、立足国内、确保产能、适度进口、科技支撑的国家粮食安全战略。2015 年中央农村工作会议首次提出树立大农业观、大食物观。2016 年中央一号文件将大食物观纳入农业供给侧改革，明确开发全域食物资源，2017 年中央农村工作会议强调，树立大农业观、大食物观，向耕地草原森林海洋、向植物动物微生物要热量、要蛋白，全方位多途径开发食物资源。2022 年全国两会期间对"大食物观"进行深刻阐释，提出要树立大食物观，发展设施农业，构建多元化食物供给体系。2022 年中央农村工作会议指出，解决吃饭问题，不能光盯着有限的耕地，要把思路打开，树立大食物观。2024 年 9 月，国务院办公厅出台《关于践行大食物观构建多元化食物供给体系的实施方案》，建立包含 12 类食物资源的供给矩阵。关于大食物观的重要论述，随着实践发展而不断丰富。"大食物观"的重要论述为把现代农业发展规律、把中国人的饭碗牢牢端在自己手中提供了根本遵循。

拓展资源、空间和产业是践行"大食物观"，实现统筹推进做优增量与盘活存量的重要路径。习近平总书记指出："要树立大农业

---

① 习近平：《摆脱贫困》，福建人民出版社，1992。

观、大食物观，农林牧渔并举，构建多元化食物供给体系。"① 大食物观在食物供给体系上强调三个维度的转型升级：在资源开发层面，突破传统农牧业的局限，开发更多元化的生物资源，保障多元化食物供需的动态平衡；在空间布局层面，将生产空间从耕地延伸至山水林田湖草沙等全域资源，通过发展林下经济、草原牧业、现代设施农业和蓝色海洋食品产业，构建多维立体的食物生产格局；在产业形态层面，强调建立种植养殖循环、陆海联动的复合型农业生产体系，借助科技创新和产业融合培育农业发展新动能。这种系统性重构旨在通过资源整合与技术创新推动农业现代化升级。

一　拓展生物资源，实现各类食物供求平衡

大食物观在食物来源上要求在资源开发层面，突破传统农牧业的局限，从传统农作物和畜禽资源向更丰富的生物资源拓展，保障多元化食物供需的动态平衡。"生物多样性"是动物、植物、微生物与环境形成的生态复合体以及与此相关的各种生态过程的总和，包括生态系统、物种和基因三个层次。生物多样性是人类赖以生存的条件，是经济社会可持续发展的基础，是生态安全和粮食安全的保障。近年来，极端天气频发，国际贸易环境复杂多变，粮食安全面临严峻挑战，应对这一挑战的关键在于种子和作物多样化。作物遗传多样性通过增强系统弹性、拓展生产边界、降低灾害敏感性三重维度，缓解气候变化和粮食安全的矛盾。

首先，生物多样性的生态功能为粮食安全提供了多重保障。生物多样性对农业生产体系具有不可替代的支撑作用，多元化的生态系统通过维护土壤养分循环、优化病虫害自然防控机制等方式巩固农业基

---

① 《中央农村工作会议在京召开 习近平对"三农"工作作出重要指示》，https：//baijiahao. baidu. com/s？ id＝1785799923717916556b&wfr＝spider&for＝pc。

础，减少对化学农药的依赖，促成土壤生物多样性提高，保持土壤的肥力，从而提高粮食生产的效率和可持续性。其次，生物多样性蕴藏的遗传资源是粮食作物改良的重要载体。生物多样性承载着维系农业进化的基因宝库，其遗传物质储备是应对全球粮食危机的战略资产。野生和传统作物中蕴藏着抗旱、抗病等关键基因，能够培育出更具抗逆性、高产量和高营养价值的新品种和新物种，有利于应对气候变化和国际局势对粮食安全的挑战。最后，生物多样性有利于保持粮食链的稳定。生态系统中各种生物之间相互依存构成了复杂的食物链和生态平衡。从系统生态学视角看，生物多样性构筑了粮食安全的动态平衡网络，因此，保护生物多样性有利于维护粮食生产生态系统的稳定性和动态平衡。

发展生物多样性农业可实现粮食增产与生态保护协同发展，为应对气候变化和粮食危机提供可持续解决方案。生物多样性农业是充分利用、培育生物多样性（包括培育土壤生物多样性），整合农田、林地、水域等异质化生境，通过农、林、牧、渔立体种养模式，实现资源互补，形成物质循环网络；强化生态服务功能，保护土壤微生物，持续增施有机肥，借助土壤微生物菌种等技术措施，维持农业生态链完整，增强系统稳定性，形成天然病虫害防控屏障，减少化学农药依赖；通过基因库保存作物野生近缘种和传统品种，利用遗传变异培育抗逆品种，应对气候变化，最终实现粮食增产与生态保护协同发展。

二　拓宽生产空间，构建立体食物生产格局

早在福建工作时，习近平同志就在《摆脱贫困》一书中提出："现在讲的粮食即食物，大粮食观念替代了以粮为纲的旧观念。"[①]肉、蛋、禽、奶、鱼、果、菌等均属于粮食范畴，需统筹开发耕地、

---

① 习近平：《摆脱贫困》，福建人民出版社，1992。

森林、海洋等资源。要构建粮经饲统筹、农林牧渔结合、植物动物微生物并举的立体化多元化食物供给网络。立体食物生产格局是以国土空间全域资源开发为基础，通过全域资源开发、立体模式创新及科技政策协同，突破传统耕地边界，统筹开发山林、草原、水域及设施农业空间，形成"陆地—水体—设施"协同增效的复合型生产网络，构建多元化食物供给体系，旨在破解资源约束、提升生产效率和保障食物安全。

（一）拓展林草空间功能

突破耕地单一生产模式，统筹森林、草原、水域等资源，发展木本粮油、林下种养、生态渔业等业态。林草蕴藏着丰富多样的自然资源和生物资源，是贯彻大食物观、发展现代化大农业的战略空间。依托林草资源禀赋，发挥立体生态环境条件以及动植物资源优势，在保护生态资源和生态系统功能的前提下，打造立体化种养业布局，推进特色农产品优势区建设。保障粮食生产的同时，大力推广粮经饲统筹模式，完善林下经济特色产业体系。加强林下经济生态评估，划定林下经济发展边界线，科学确定林下种植、养殖、旅游康养等产业开发利用强度。依托垂直气候带，分区发展特色林业等优势产业，抓好林菌、林畜、林禽、林蜂、林草等扩面示范，鼓励发展畜牧业与种植业、林果业有机结合的"果蔬茶园牧"种养模式，打造"立体经济带"。

（二）推动水域立体开发

养殖用海是我国用海面积最大的海域使用类型，是扩大食物供给的重要保障。2023年4月，习近平总书记在广东考察时强调，中国是一个有着14亿多人口的大国，解决好吃饭问题、保障粮食安全，要树立大食物观，既向陆地要食物，也向海洋要食物，耕海牧渔，建设海上牧场、"蓝色粮仓"。① 水域立体开发是以水体空间分层利用为

---

① 曹慧：《树立大食物观》，《红旗文稿》2023年第10期。

基础，通过多维度资源整合，突破传统平面农业限制，在水体、水面、水下及周边土地形成多层次生产系统的创新模式，开创"蓝色粮仓"建设的新范式，有利于实现资源集约利用与粮食产能提升的双重目标。通过构建生态承载力评估框架，完善海域空间规划体系，在科学测算养殖容量阈值的基础上，实施多营养级复合养殖系统布局。重点推进贝藻混养、深水网箱与底播养殖相结合的立体生产架构和梯级开发格局，构建"水面—中层—底层"协同的复合型生产系统，实现水域资源利用效率最大化。

（三）激活利用边际土地

边际土地是指土壤障碍限制突出、水热资源约束强、地形条件局限大导致农业产能和经济效益低、生态脆弱的土地。目前，我国拥有边际土地11.7亿亩（7800万公顷），主要包含东北苏打盐碱土、南方山地丘陵红壤、滨海盐碱土和西北内陆盐碱土等。这部分土地是耕地的战略后备资源，是保障国家粮食安全的重要载体。边际土地普遍存在耕作层浅薄、盐渍化、有机质匮乏、有效养分亏缺及灌溉条件缺失等问题，难以开展常规农业活动。构建生态友好型边际土地改良体系，突破传统耕地资源约束，已成为统筹粮食安全与生态保护协同发展的重要路径。要大力推动边际土地生态农业相关技术研究，研发土壤障碍因子（如盐碱、贫瘠）改良技术，优化水肥资源高效利用机制，提升作物抗逆性与土地生产力。针对水土流失、盐渍化区域实施退耕还林还草、湿地修复等工程，恢复土地生态功能。通过生态补偿、碳汇交易等市场化手段，平衡粮食安全与生态保护需求。

三　拓展产业形态，培育粮食产业发展新动能

随着我国城乡居民消费水平的提高和消费结构的升级，农业与现代信息技术加速融合与创新，农业农村资源要素的组合方式不断发生变化，不断催生新产业、新业态和新的经营模式，成为农业增效和农

民增收的有效途径。产业创新和业态创新已经成为发展乡村特色产业、推进农业供给侧结构性改革的重要内容。要遵循产业链延伸、产业融合与农业功能拓展的创新路径和生成机理，促进现代生产技术、管理模式与传统农业要素的深度融合与创新，通过要素聚合、叠加衍生和交互作用生成新的经济形态，实现可持续、立体化的产业延伸与产业变现，培育粮食产业发展新动能。

（一）推动粮食产业链纵深发展

根据市场需求，利用现代信息技术、现代物流与现代商业模式等技术与管理手段，优化农产品从田间到餐桌的产业链管理，实现农业生产的产前、产中、产后一体化运作，产供销、农工商协同化发展，实现产业链整合与价值链提升。重点支持企业加强农业产业内部融合与生产模式创新，推广工厂化育苗、智能化烘干等工业技术，将种植业与养殖业、加工业有机结合，开发营养均衡、养生保健、药食同源的加工食品和质优价廉、物美实用的非食用加工产品，提升农产品加工转化增值空间，充分挖掘农产品价值。

（二）促进新型加工业态发展

创新发展农商直供、预制菜肴、餐饮外卖、冷链配送、自营门店、商超专柜、团餐服务、在线销售、场景销售等业态，开发推广"原料基地+中央厨房+物流配送""生产基地+中央厨房+餐饮门店"等产销模式，把产业链条向消费终端延伸，实现从产地到超市、从田间到餐桌的"一站式"服务，推动粮食生产加工向现代高效生产加工发展。

（三）推进"粮食产业+"多业态发展

挖掘粮食产业食品保障、生态涵养、休闲体验、文化传承等多种功能，推动生态资源价值转化和农业文化遗产创新利用。利用美丽乡村、现代农业示范园区等载体，推动生产园区景观化改造，建设农业主题公园、田园综合体和农业庄园等特色旅游载体，开发更多赏花踏青、农事采摘、田园观光、亲子休闲等旅游线路和创意产品。依托特色生态环境和特色农业发展，建设"医养结合"生态康养旅游示范基地，开发中医疗养、森林康养和药膳餐饮等特色休闲旅游项目。依托特色农业文化遗产资源和传统文化习俗，在茶马古道、传统村落、农业遗产核心区，结合农耕文化节、民俗文化节等，开展特色农产品采制、手工制作、传统酿制等体验式特色农耕赛事活动，打造多元化特色农业旅游。

第四节　实施"全面节约战略"，实现全链条节粮减损

习近平总书记强调，"保障粮食安全，要在增产和减损两端同时发力"。① 粮食安全是事关人类生存的根本性问题，减少粮食损耗是保障粮食安全的重要途径。② 粮食增产与粮食减损是保障粮食安全的一体两面，尤其是在当前资源要素条件趋紧、粮食产能位于高位增产难度加大的背景下，坚持开源与节流并重、增产与节粮并举，是保障国家粮食安全的现实选择。作为覆盖生产、流通、消费全链条的集约化改革，全面节约战略通过资源效率革命筑牢安全底线，激活生态价值转化通道，赋能经济高质量跃升，实现以节约促安全（保障资源供应链韧性）、以节约护生态（降低环境承载压力）、以节约提质量（提高经济增长质量）。

为推动节粮减损制度建设，我国已出台了一系列政策文件、法律法规、部门及地方政府规章等。新中国成立初期，粮食短缺问题突出，政策以保障基本温饱为核心，通过道德倡导引导节约，但缺乏系统性制度设计。1987年党的十三大提出"三步走"战略。1990

---

① 习近平：《加快建设农业强国　推进农业农村现代化》，《求是》2023年第6期。
② 2021年9月，习近平总书记在致国际粮食减损大会的贺信中提出。

年实现温饱目标后，粮食浪费问题逐渐显现，政策开始关注消费环节的减损需求。随着粮食流通体制市场化转型，政策重心转向优化生产、流通环节效率，提出"节粮减损"，初步划分生产、储存、加工、消费等环节的治理重点，但尚未形成统一标准。2013年中央农村工作会议将节粮减损纳入国家粮食安全战略，明确"增产与减损并重"原则，政策覆盖范围从单一环节向全链条延伸。国家安全是民族复兴的根基，粮食安全是国家安全的重要基石。党的十八大以来，以习近平同志为核心的党中央高度重视粮食安全问题，千方百计促进粮食生产，有力保障了国家粮食安全。2020年习近平总书记对餐饮浪费作出重要指示，明确"厉行节约、反对浪费"与粮食安全的直接关联，推动全社会行动。① 2021年《中华人民共和国反食品浪费法》实施，首次以法律形式规范食品浪费行为。2023年《中华人民共和国粮食安全保障法》颁布，设立粮食节约专章，明确全链条减损责任。党的二十届三中全会和中央农村工作会议明确要求，健全粮食和食物节约长效机制。2024年《粮食节约和反食品浪费行动方案》明确提出，要聚焦重点领域和关键环节，切实减少粮食和食品损耗和浪费，到2027年底，粮食和食物节约长效机制更加健全，粮食储运加工损失率降至国际平均水平以下，餐饮浪费量显著下降。

健全粮食和食物节约长效机制，实现全链条全领域的节粮减损和全过程粮食动态平衡，需以系统性思维统筹粮食生产、加工、流通、储备及消费等环节，通过技术升级、制度优化和多方协同，构建系统性节粮减损机制，实现资源高效配置与供需动态适配，形成资源节约、供需平衡、韧性增强的粮食安全保障体系。

---

① 《让厉行节约、反对浪费蔚然成风》，https：//www.gov.cn/xinwen/2020－08/17/content_5535401.htm，2020年8月17日。

一　完善统计监测评估机制

科学完善的统计调查体系是推进粮食节约与反食物浪费工作的基础支撑。通过系统化的标准制定、数据采集、动态化监测与标准化评估，能够为政策制定与效果验证提供精准的数据支持。基于生产、加工、运输和消费等环节的全链条标准化评估，可精准定位粮食损失的关键节点与责任主体，也有助于依托国家粮食损失抽样调查数据库，因地制宜开展统计调查，避免"一刀切"，同时，有利于我国深度参与全球粮食损失统计标准制定工作，借鉴发达国家监测技术与管理经验，以国际可比数据回应全球粮食安全议题，增强节粮目标的可信度与影响力。

健全标准化评估指标体系。粮食损失和食物浪费统计调查评估体系的建设，是落实国家粮食安全战略、推进全链条节粮减损的重要内容。目前，我国已初步建立了粮食流通环节损耗监测框架，但在生产端隐性损耗测算、消费端浪费动态追踪等方面仍然比较薄弱。中共中央办公厅、国务院办公厅印发的《粮食节约和反食品浪费行动方案》明确提出，要不断完善粮食损失和食物浪费统计调查制度。要构建覆盖全领域、全流程的统计监测网络，为粮食减损治理提供坚实的数据支持。

建立分级分类测算标准。参照联合国粮农组织编制的粮食损失指数，完善食物损耗分类与计算通则，明确"可避免损耗"与"技术性损耗"的判定标准，建立不同品类（粮食/果蔬/肉制品）的损耗率基准参数。按"生产—流通—消费"全链条划分12类损耗场景，细化监测标准：对粮食、肉类、蔬菜、水果、坚果、水产品等主要食物种类全口径损失浪费基础数据进行调查研究。

完善社会协同调节机制。构建政企数据互通、科研机构建模、公众参与的多层次统计调查制度。在政府部门主导下，在专业部门的指导下，建立全口径数据采集网络，按照"生产—储运—加工—流通—消费"链条，划分5大领域、23项细分场景，明确各环节责任主体数据报送义务。实行"专业机构驻点督导+市场主体自主报送"双轨制，推动机关、学校、企业食堂等机构定期报送食品浪费数据，并纳入能源资源节约考核体系。针对家庭、小型餐饮店等分散主体，鼓励支持餐饮服务网络平台开展外卖食品浪费评估。建立抽样调查数据库，开展家庭食物浪费行为追踪研究，揭示消费习惯与浪费量的关联规律。

二 推动粮食全链条节约减损

粮食损耗指从生产到流通环节中因技术、管理及自然因素导致的粮食数量减少或质量下降，其发生阶段覆盖生产、收获后处理、储藏、加工及运输全流程。该概念区别于消费端的食物浪费，重点关注供应链前端和中端的非主观性损失。2022年12月，习近平总书记在中央农村工作会议上强调，要树立节约减损就是增产的理念，推进全链条节约减损，健全常态化、长效化工作机制。

（一）强化粮食生产环节节约减损

选育低损高产品种，修订水稻、小麦等主要作物品种审定标准，重点筛选具备高产稳产、抗逆性强、宜机械化收获等优势性状的品种。以先进且适用为原则，制定出台"宜机化"整治技术规范和技术标准，鼓励引导企业新研发技术设备的应用推广，缩短新型农机具纳入补贴范围的周期，促进创新产品的普及应用。同时，从种粮主体的实际需求出发，尊重使用者意愿，给予地方确定品目更多的灵活性，根据不同农机产品性能确定不同的补贴比例，让真正有用的产品得到推广，优先选择具有示范效应的高标准农田建设区域开展宜机化改造试点，推广精量播种技术，减少田间地头收获损耗。制定修订粮食机收减损技术指导规范，引导农户适时择机收获。

（二）强化粮食储存环节节约减损

将粮食烘干成套设备纳入农机购置补贴范围，对新型设备实施补贴，明确烘干设施用地、用电政策，降低运营成本。大力推广应用绿色储粮技术，推动现有仓房升级改造，鼓励建设高标准粮仓，鼓励开展绿色储粮标准化试点，在产粮大县优先推广清洁热源烘干设备，因地制宜推广科学储粮技术，减少粮食储存损失损耗。以县域为单位搭建粮食产前、产中、产后 MAP 服务模式，大力发展社会化服务组织，特别是农机、仓储等专业的农民合作社。在增强和拓展农业公益性服务功能的同时，大力发展粮食生产经营性服务，为农户提供清理、烘干、储存等全链条服务，减少产后环节损失。实施农户科学储粮工程，加强科普宣传和技术指导，引导农户科学绿色储粮，逐步解决"地趴粮"问题。

（三）强化粮食运输环节节约减损

制订散粮运输设备衔接技术规范，统一铁路车辆、船舶货舱与港口装卸设备的接口参数，加强铁路专用线、散粮中转码头与港口装卸设备的衔接，实现不同运输方式的无缝对接，系统性升级运输装备，降低综合运输成本。将粮食专用运输车、集装箱翻转机等设备纳入农机购置补贴范围，鼓励粮食购销企业在产地实施粮食"散改集"，通过顶开门箱、干散货箱等密闭式集装箱运输，减少运输途中的抛洒损耗，降低粮食受潮霉变风险。结合"四好农村路"建设，完善农村粮食物流网络，构建粮食物流节点。依托物流保通保畅机制，建立粮食应急运输网络，全面提升粮食物流效率与减损能力，支撑粮食供应链现代化转型。

（四）强化粮食加工环节节约减损

粮食加工链条中，收获后加工环节操作不规范、技术标准缺失容易导致谷物破碎率升高、霉变风险加剧，带来粮食损失，我国粮食加工出品率仅为 65% 左右。强化粮食加工环节节约减损，逐步完善加工精度规范，修订小麦粉、食用油等口粮加工标准，明确适度加工要求，合理限定加工精度指标，减少过度追求"精米白面"导致的营养流失与原料浪费，推动粮油综合出品率提升。强化全谷物推广，实施"国家全谷物行动计划"，鼓励保留米糠、麸皮等营养成分，开发全麦粉、糙米制品等多元化产品，促进膳食结构优化。发展集约化配送体系，支持中央厨房、主食配送中心建设，完善冷链物流配套，减少流通环节损耗；引导餐饮企业标准化配餐，提升食材利用率。培育和发展循环经济，推动米糠制油、碎米蛋白提取等副产物综合利用技术应用，加强粮油加工副产物资源综合利用，提高粮油加工转化率。

三 提升全民节粮意识

食物浪费指在食品供应链末端及消费环节中，因人为因素导致的食品不合理废弃或无效利用，与生产端的食物损失不同，食物浪费主要集中在零售环节、餐饮环节和家庭环节。农业农村部食物与营养发展研究所发布的《2023 年中国食物与营养发展报告》显示，我国食物损耗浪费率约为 22.7%，按 2021 年产量计，共损耗浪费 4.6 亿吨食物，可满足 1.9 亿人一年的营养需求。提升全民节粮意识，通过减少粮食损耗，降低土地、能源等资源压力，并倒逼农业种植技术革新和食品加工工艺精细化，推动粮食全产业链提质增效。同时，增强全社会"节约即增产"认知，优化营养摄入结构，引导社会形成绿色低碳生活方式，实现我国粮食供需紧平衡状态的缓解。

持续性开展节粮宣传教育，反对食物浪费，重点解决我国餐饮环节浪费问题。推动粮食安全教育、勤俭节约教育宣传进校园、进家庭、进单位，常态化开展粮食节约宣传教育，将粮食节约和反食品浪费融入市民公约、村规民约、行业规范，倡导绿色低碳生活方式，提高全民参与度，引导居民按需采买、储存食材，增强全社会节约意识。

加强食物营养健康消费引导。不合理的消费理念会影响粮食生产环节，引发过度加工等问题，导致产业链系统性效率损失。加强食物营养健康消费引导，积极运用微博、微信、抖音短视频、网络直播平台等，对食物营养等相关知识进行理性宣传和科普，倡导健康膳食，深化居民调整饮食习惯和食物结构的社会认知，形成健康的消费理念，为推动食物营养健康消费营造良好的社会氛围。

第七章　多举措强化科技支撑

强国必先强农，农强方能国强。在全面建设社会主义现代化国家的新征程中，加快推进农业强国建设与农业农村现代化进程，关键在于充分发挥农业科技创新引领作用。纵观国内外农业发展历程，科技进步始终是突破资源约束、提升生产效率的关键变量，农业强国地位的构建必然以科技强国实力为支撑。党的十八大以来，我国农业科技自主创新能力显著增强，迈入高质量发展新阶段。围绕种业振兴、耕地保护、智能农机研发、生物技术应用及生态农业等重点方向，关键技术攻关取得突破性进展。数据显示，农业科技进步对产业增长的支撑作用持续凸显，粮食安全保障能力同步提升。这些系统性成果不仅筑牢了粮食安全根基，更在带动乡村产业升级、拓宽农民致富渠道、夯实社会稳定基石等方面释放出强劲动能，为全面推进乡村振兴和农业农村现代化提供了强有力的科技引擎。在新时代背景下，强化科技创新对现代农业的引领作用，既是保障国家粮食安全的根本之策，也是实现农业农村现代化跨越式发展的必由之路，更是全面建设农业强国的战略基石。

新中国成立以来，我们党始终高度重视"三农"工作，将农业科技创新作为推动农业农村发展的核心动力。改革开放以来，确立了"以科技振兴农业"的战略导向，通过系统性推进农业科技创新，着力破解传统农业生产效率瓶颈，加快构建现代化农业产业体系。为突破体制机制障碍，启动农业科技体制改革，系统性重构科研机构功能布局，强化高层次人才梯队建设，构建产学研深度融合的协同创新机制，形成了"基础研究—应用开发—成果转化—产业孵化"的全链条创新体系。2017 年，习近平总书记在中国农业科学院建院 60 周年贺信中深刻指出，农业现代化关键在科技进步和创新。要立足我国国情，遵循农业科技规律，加快创新步伐，努力抢占世界农业科技竞争制高点，牢牢掌握我国农业科技发展主动权，为我国由农业大国走向农业强国提供坚实科技支撑。2018 年《乡村振兴战略规划（2018—2022 年）》将科技支撑列为实现"产业兴旺、生态宜居"目标的核心路径，2023 年中央一号文件进一步明确科技引领农业新质生产力发展的政策导向。党的二十届三中全会从战略全局出发，将构建全面创新体制机制纳入改革议程，针对科技体制改革作出系统性部署，彰显了党中央以科技创新驱动高质量发展的坚定决心。新时代背景下，我们亟须以更高站位、更实举措推进农业科技变革，为实现乡村振兴和农业农村现代化注入强劲动能。

第一节 聚焦市场需求，
构建梯次农业科技创新体系

当今世界正处于百年变局纵深演进、全球科技革命与产业重构浪潮交织激荡的关键阶段。面对农业农村现代化进程中的战略机遇叠加期与矛盾攻坚期，科技创新已成为破局的核心战略支点。以数字技术和基因技术为代表的新一轮农业科技革命带来农业生产方式的变革，从单一技术突破转向系统集成创新，构建"基础研究—技术攻关—场景应用"的全链条创新生态；运用数字技术重塑农业科研范式，建立"天—空—地"一体化感知网络，打造 AI 驱动的精准育种平台；技术融合催生裂变，生物技术（基因编辑、合成生物学）与信息技术（农业 AI、数字孪生）的交叉融合，推动农业科研范式从"试错型经验科学"向"数据驱动型精准科学"跃迁；以碳汇农业、功能农业等新业态开拓价值增长极，推动农业从"产量逻辑"向"质量+生态+效益"多维价值体系转型。农业科技领域的变革要求我们要以系统化思维推进创新要素重组，在农业生物技术、数字农业、食品制造等关键领域打造具有全球竞争力的创新集群，为农业强国建设注入不竭动力。

农业科学技术创新要以市场需求为导向，为农业和农民服务，努力使农业科学技术研究与农业企业和农民的技术需求相结合，与农业生产相结合，与农业生产中的重点和难题相结合，与农业企业的市场需求相结合，使农业科技创新的成果真正为农业企业和农民所用，与实际的生产相结合，产生相应的经济效益和社会效益。

当前，全球农业科技竞争已进入"深水区"，我国正处于从传统农业向现代农业转型的关键阶段。面对种业"卡脖子"技术待突破、绿色生产技术储备不足、产业链创新协同弱等现实挑战，构建梯次分明、分工协作、适度竞争的农业科技创新体系，成为破题农业强国建设的战略抓手。梯次布局打造创新矩阵，聚焦基因编辑、生物育种等战略竞争领域，组建国家层面农业领域国家实验室，省级农业科研院所聚焦区域农业特色和需求，基层农技推广站则化身"田间实验室"，实现实验室成果到田间应用的垂直贯通。协同创新激活系统效能。

通过建立"揭榜挂帅""赛马制"等机制，形成跨领域协同攻关网络，推动产学研深度融合。在保障粮食安全前提下，建立分层分类竞争机制以适度竞争催生创新活力。在现代化建设新征程上，梯次化科技创新体系正成为撬动农业高质量发展的强力杠杆。

一　紧盯科技前沿，突破关键核心技术

当前，国际农业竞争格局加速向生物技术与数字技术双轮驱动演进。我国农业科技发展取得显著成效，科技进步贡献率已跨越63%门槛，但仍面临种质资源保护与开发利用水平亟待提升、智能农机装备核心技术仍受制于人等挑战。2024年1月，习近平总书记在主持二十届中共中央政治局第十一次集体学习时指出，科技创新能够催生新产业、新模式、新动能，是发展新质生产力的核心要素。这就要求我们加强科技创新特别是原创性、颠覆性科技创新，加快实现高水平科技自立自强。[①] 着力突破农业"卡脖子"技术难题，不仅是筑牢粮食安全根基的战略工程，更是畅通国内国际双循环、培育新质生产力的关键支撑。

（一）聚焦关键技术精准攻关

生物育种技术正推动种业进入"精准设计"时代。要大力推进种质资源精准鉴定与基因挖掘，构建自主可控的基因编辑技术体系，培育高产、抗逆的突破性新品种，推进玉米、大豆等进口依赖品种的基因编辑技术研发，破解基因测序仪、生物育种芯片等"卡脖子"设备依赖，实现核心种源自主可控。

2025年中央一号文件提出推动农机装备高质量发展，标志着我国农业机械化从"补短板"迈向"全面升级"的新阶段。其中，智能化发展是农机装备高质量发展的重要内容，重点突破大马力无级变速拖拉机、丘陵山地专用农机等核心技术，开发智能化作业系统，提升农机装备数字化水平。通过政策引导培育农机装备"链主"企业，形成具有国际竞争力的产业集群，推动农机装备智能升级。

---

① 胡亮：《培育发展新质生产力的新动能》，光明网，https：//baijiahao.baidu.com/s？id=1797180596560544606&wfr=spider&for=pc。

农业生物技术是通过现代生命科学手段定向改造生物体及其功能，以提升农业生产效率、资源利用效率和农产品附加值的科学技术体系，对粮食安全、生态保护和产业升级有重要的支撑作用。基因编辑技术使作物抗逆性显著提升，拓展边际耕地产能，有利于加强粮食安全保障。微生物技术有利于降低农业面源污染风险，推动资源可持续利用。需要融合发展合成生物学与人工智能技术，在基因底盘细胞库、农业微生物组等核心领域构建自主创新体系，同步推进《农业转基因生物安全评价指南》等创新，实现从技术应用到产业生态的系统性跃迁。

（二）深化交叉融合创新

农业科技创新已迈入多学科交叉融合的"大科学"时代。当前科学突破与技术变革往往诞生于学科边界的新兴领域，如生物信息学突破依赖生命科学与信息技术的深度耦合，智能育种发展需要基因编辑与人工智能的协同创新。以基因编辑、合成生物学、智慧农业为代表的交叉技术领域，正加速推动农业生产方式的变革和转型升级。抢占全球农业科技制高点，需要尊重农业科技发展规律，构建跨学科创新体系，既要打破传统学科壁垒重组知识架构，更需培养具备复合型知识结构的人才队伍。

构建协同创新机制，推进多学科交叉融合创新。建立跨学科创新平台，如生物育种实验室聚合遗传学、人工智能和材料科学等。推动农业创新系统与工业、信息等行业的深度对接，将智能制造、新型材料、区块链等通用技术创造性应用于农业生产，推动技术转化。需完善跨领域技术标准体系，建立基因编辑作物分级管理制度，制定生物基材料国际标准，为技术融合提供制度保障。深化人才培养体系更需改革涉农高校课程体系，增设智慧农业、生物制造等交叉专业，通过"双导师制""产学研联合培养"等模式培育复合型人才。

（三）筑牢农业科技创新生态

科技创新组织体制和机制是突破关键核心技术的重要保障，通过技术集成、资源优化与制度创新，推动农业生产效率提升。健全"用户需求—市场反馈"双轮驱动的科技任务生成机制，针对重大科技项目实行"揭榜挂帅"竞争性立项模式。重构农业科研机构绩效评价体系，建立涵盖基础研究、技术攻关、成果转化等维度的综合评价指标。构建层级化研发体系，设立引领性技术攻关专项，由科技领军人才团队主导基因编辑、智能装备等领域的研发，实践性课题由基层科研机构承担，并注重区域性技术适配。建立"卡脖子"技术清单动态更新机制，致力于资源利用率提升、质量安全协同保障等。

二 以原始创新为导向，强化基础研究

（一）优化基础研究组织体系

在全球农业科技竞争加速迭代的背景下，构建"基础研究—技术攻关—产业应用"的梯次化创新体系，已成为农业科技创新的基石。要加快建设农业领域国家实验室、全国重点实验室等平台，强化基础性长期性观测实验站建设，形成从基础研究到应用研究的完整链条。锚定种源安全、耕地保育等战略领域，国家级科研院所聚焦重大理论突破，涉农高校强化应用基础研究，集中优势资源，形成"基础研究—技术验证"接力机制。地方农科院所与职业院校应立足区域资源禀赋，重点攻关特色作物育种（如高原青稞、热带果蔬）、优势产业技术升级（如设施园艺、水产养殖），开展技术本土化改造与集成应用示范。推行"学科交叉+任务导向"新型科研组织模式，组建跨领域联合攻关团队，缩短原始创新成果产出周期。

（二）稳定基础研究投入

农业基础研究是科技创新的源头活水，其突破性进展决定着产业变革的深度与广度。为激活农业创新链的"最初一公里"，在投入机

制上，要推动形成"政府主导+多元补充"的经费保障模式，通过设立基础研究专项基金、引导社会资本建立联合攻关基金等方式，稳定农业科技基础研究投入。制定基础研究专项发展规划，加大农业基础研究财政投入，并通过阶段性成果评估动态调配资源。建立农业基础研究联合基金，吸引龙头企业注资组建基础研究联盟，拓展社会资本参与通道。

（三）完善科研项目组织模式

强化战略主导作用，优化重大科研项目组织模式，实行"需求导向+学科交叉"的选题机制，针对种源安全、耕地质量提升等国家需求，布局具有前瞻性和系统性的基础研究计划。同时，创新政策工具组合，运用研发费用加计扣除、知识产权质押融资等工具，激励企业联合科研院所开展产业共性技术攻关，提高农业科技创新主体从事面向产业需求的基础研究的积极性和主动性。

三　坚持涉农企业为主体，助力实用技术创新研究

（一）强化企业科技创新主体地位

2025年4月，农业农村部、科技部、教育部、工业和信息化部、财政部、水利部和中国科学院七部门联合印发《关于加快提升农业科技创新体系整体效能的实施意见》，明确指出要加快培育壮大农业科技领军企业。提升企业自主创新能力，加强企业主导的产学研深度融合，保障企业科技创新主体地位，着力培育农业科技领军企业。提升涉农企业创新策源能力，不仅是农业科技创新体系效能提升的关键突破口，更是破解"创新主体缺位""技术供需错配"等深层矛盾的核心路径，直接决定着农业强国建设中创新主体定位与成果转化路径的选择。要推动涉农企业深度参与国家重大科技项目，支持其牵头承担生物育种、智能农机装备等重点领域研发任务。建立"企业出题—院所答题—市场阅卷"的闭环机制，确保研发方向与产业需求

精准对接。通过农业高新技术产业示范区、现代农业产业科创中心等平台，培育科技领军企业集群，形成覆盖育种、农机、数字农业等全产业链的创新生态。

（二）完善产学研协同机制

突破农业技术需改变传统单兵作战模式，构建"链主企业主导+科研机构支撑+产业链协同"融合创新体系。重点支持技术积淀深厚、资源整合能力强的龙头企业，联合国家级科研平台及产业链上下游主体，组建跨领域、跨学科的新型研发组织，实现技术攻关与产业应用的协同突破。建立以市场需求为导向的科研组织模式，探索科研人员"双聘制""项目工资制"等灵活用人机制，允许高校院所专家带技术、带团队进驻企业，组建创新团队开展协同攻关。同步完善风险共担体系，对重大技术攻关实行容错备案，切实破解科研生产"两张皮"的难题，激发原始创新活力。

（三）优化政策支持体系

涉农科创回报周期长、技术适配难、推广投入大，因此要加强对涉农企业科技创新投资的支持。强化政策性金融工具的牵引作用，加大财税激励力度，提升企业研发费用加计扣除比例，对共性技术研究投入给予税收抵扣。完善特色金融服务，有效破解涉农科创企业融资周期错配、风险溢价过高、抵质押物不足等结构性难题。构建适配农业特性的多层次金融支持体系，增强涉农企业科技创新动能。

第二节　坚持问题导向，
完善农业科技创新成果转化机制

党的二十届三中全会明确提出，要深化科技成果转化机制改革，加强国家技术转移体系建设，推动科技创新成果向现实生产力转化。农业科技创新成果转化机制是指将农业科研机构、高校及企业研发的技术成果（如新品种、新技术、新装备等），通过系统性组织与制度设计，转化为实际农业生产力的过程体系。其核心涵盖技术研发、中试验证、推广应用、市场对接等环节，旨在实现知识形态的科技成果向现实生产力的有效转化。完善农业科技创新成果转化机制是推动农业现代化、实现高质量发展的重要抓手。通过科技成果的规模化应用，显著提升农作物抗逆性与产量，实现农业生产力的跨越。构建高效的农业科技转化机制，促进产学研协同创新，加速农业全产业链升级，推动技术向产业链各环节渗透。如生物育种企业的核心专利产业化，可催生种业科技集群；数字农业技术的应用，可重构农产品加工、仓储物流等环节，提升产业附加值。技术成果的田间落地，可降低生产成本、提升农产品附加值，助力农民增收。同时，社会化服务体系，可培育新型职业农民，为乡村人才振兴提供支撑，激发乡村振兴内生动力。完善的转化机制将成为农业现代化进程中的核心引擎，为新质生产力发展提供持久动能。

我国的农业科技成果转化，源于国家战略需求与农业现代化的内在驱动。随着人口增长与资源约束加剧，农业科技成为破解粮食安全瓶颈、推动产业升级的核心支撑。传统农业科技体制存在研发与产业脱节、成果转化率低等问题，亟须通过系统性改革提升创新体系整体效能。我国农业科技成果转化机制的演进历程，深刻反映了不同发展阶段国家战略需求与农业现代化进程的互动关系。新中国成立初期，我国构建了覆盖全国的农业科研网络，主要推进水利基础设施建设和杂交育种技术突破，所形成的"科研院所—农技站—生产队"农技推广体系为后续发展奠定了科研基础。改革开放以来，随着农村家庭联产承包责任制的推行，市场化改革驱动科研机构转型，科研院所可通过技术转让获取收益，科技成果转化开始从行政指令向市场机制过渡。进入21世纪，我国相继出台了科技成果"三权改革"政策，赋予科研单位成果处置权、收益分配权，并通过技术入股、股权激励等制度提高科研人员的主动性和积极性。2021年以来，在乡村振兴与农业强国建设战略牵引下，我国农业科技成果转化向创新体系效能优化转变。从上述演变过程可以看出，在尊重科技创新规律和农业发展趋势的基础上，我国农业科技成果转化机制逐渐从政府主导向市场驱动转变、从单项技术突破向全链条生态构建转变，为破解科研产业"两张皮"难题提供了解决思路。

一　我国农业科技创新成果转化机制面临的挑战

（一）农业技术供给与市场需求错配

科研机构的技术研发还呈现出显著的学术化倾向，更多的是关注理论突破和论文产出，对涉农企业和农民的实际需求考量不足，导致大量的农业科技成果仅停留在论文和专利阶段，没有进入公共技术交易平台，科研和产业"两张皮"现象仍然存在。同时，技术成果应用的中介机构和平台不足，导致信息不对称现象存在，农业技术的需求和供给信息尚未有效对接，高校和科研机构的成果因缺少推介而束之高阁，而涉农企业和农户的技术需求却未得到满足。同时，作为农业科技创新成果应用主体的涉农企业和农户，受制于个人素质和能力，对于科技创新成果的敏感度和捕捉能力有限，及时吸取和应用新技术、新工艺的能力也有限，需求端技术吸纳呈现"碎片化"特征，影响了科技成果的有效转化。

（二）成果转化链条不健全

农业科技成果转化的链条包括研发、中试、推广和应用等环节。目前，我国的农业科技成果转化链条不健全，尤其是中试环节的投入不足，导致大量实验室成果缺乏验证和技术成熟度，影响了技术的市场化应用和推广。概念验证中心和专业化中试基地缺乏，无法完成大量实验室成果的工程化验证，更谈不上实现规模化应用。而未经中试的成果若直接推广会引发较高的沉没成本，增加农业生产的不确定性，亟须通过区域性中试联合体建设等制度创新优化农业科技转化生态。

（三）农业科技成果转化机制不顺畅

农业科技成果管理制度存在价值评估难、权益分割难和流通处置难的问题，严重影响农业科技投资决策，同时科研成果转化收益分配比例未达到科研人员预期，严重影响科研人员创新的积极性和主动性。农业科技成果转化需要强力的资金和政策支持，目前财税金融支持的精准性亟待提升，应通过加大税收优惠力度和提供多元化金融产品供给来破解困境，加速农业科技成果转化。

二 完善农业科技创新成果转化机制的路径

（一）优化协同创新机制

强化需求导向研发，推动科研院所、高校瞄准区域农业产业需求，精准攻关，差异化定位中央与地方涉农机构职能，中央机构聚焦国家战略技术突破，地方高校和科研机构侧重区域特色产业支撑，建立"企业出题、院所解题"的产学研协同模式。广东农科院构建的"产业需求清单制"具有示范价值，通过开展县域产业集群调研形成145项技术需求目录，2022年立项课题中产业命题占比提升至78%，成果转化周期缩短40%，不断激发创新主体活力。整合跨部门、跨学科资源，形成基础研究、应用开发、成果转化三级分工体系，强化科研机构的基础创新能力与企业的市场转化能力互补。例如，福建省通过教育科技人才一体化改革，推动高校成为区域农业科技创新主力军。

激发农业科研人员创新活力。2020年9月，习近平总书记在科学家座谈会上指出，我国科技队伍蕴藏着巨大创新潜能，关键是要通过深化科技体制改革把这种潜能有效释放出来。① 不同于其他领域，

---

① 《习近平：在科学家座谈会上的讲话》，https：//www.cac.gov.cn/2020-09/11/c_1601383688531304.htm，2020年9月11日。

农业发展的科学规律决定了农业科研周期长、影响因素多、风险高和困难多的特点，对科研队伍素质提出了更高要求。我国农业科研人员考核评价激励机制亟须进一步优化，构建适应农业科研规律的考核评价体系，针对科研活动差异性特征，实施分类动态评估。在基础性研究领域，突出学术贡献度的核心地位，重点考察其对学科发展的引领作用，如是否创立新研究方法、完善理论体系或开辟研究范式；在应用性研究领域，强化实践导向功能，重点评价关键技术攻关效能，涵盖新品种推广面积、技术辐射带动农户数、专利成果转化率等可量化指标，充分调动每一位科研人员的积极性和主动性。

（二）搭建农业科技成果供需沟通平台

高校、科研机构和涉农、农户企业的密切沟通是科技成果转化成功的前提。要充分发挥政府沟通联络桥梁纽带作用，建立需求传导—技术响应—成果反馈的循环体系，构建"政产学研"多元主体协同创新网络。一是建立需求传导机制，通过数字化平台整合企业技术需求和高校研发资源，应用大数据算法实现供需智能匹配，形成需求侧牵引与供给侧改革的双驱动机制。二是搭建服务体系，培育专业化科技中介机构，建立常态化的产学研对接活动机制。破除产学研之间的信息不对称，既保障科研人员的市场感知力，又增强企业的技术吸纳能力，最终形成"需求牵引—精准供给—生态赋能"的良性循环。三是完善政策支撑体系，设立专项基金、税收优惠和标准化合作模板，破解校企间权属争议，既可消除校企信息壁垒，又能激活科研人员创新动力，最终形成"企业出题—高校解题—政府助题"的转化闭环，推动实验室成果快速转化为产业竞争力。

（三）加大中试环节的投入力度

构建中试环节多元化投入机制，通过省级专项资金、技改资金、技术创新基金等多渠道倾斜投入高水平中试平台建设；创新科技融资信贷机制，针对创新风险特征，优化政府引导基金使用结构，撬动社会资本参与中试基地建设，重点突破智慧农机、数字农艺等关键技术领域；同时完善容错保障体系，对经认定的中试失败项目给予经费补偿。整合行业中试资源存量，鼓励科研机构与政府、企业等联合建设，采用改造设备、优化流程、替换试验等方式，建成形式多样的农业科技中试基地。鼓励科研人员深度参与中试验证环节，重点突破工艺参数漂移、设备适配性差等工程化瓶颈问题，通过全流程实操训练提升工程思维与系统设计能力，提高农业科技的应用水平。

三　强化政策保障

健全农业科技成果转化法律法规。加强品种权等知识产权保护制度建设，明确成果转化各主体权责，建立容错机制降低创新风险。融合政策支持与技术创新，形成贯穿成果确权、转化应用及侵权救济的全流程法治保障框架。依据《加快建设农业强国规划（2024—2035年）》，确立知识产权司法保护的核心地位，通过司法裁判明确科技成果权属界定的法律基准。同时借鉴地方实践经验，构建分层式保护体系。通过构建阶梯式惩罚框架强化侵权惩治效能，对主观恶意明显的侵权行为适用加倍赔偿机制，遏制恶意侵权及重复侵权行为，切实维护创新主体合法权益，同步通过加大创新成果转化预期收益的司法保障力度，形成"侵权成本递增—创新收益显性化"的法治化保护闭环，进而激活企业持续投入研发转化的内生动力。

第三节　完善服务体系，
打通农业科技推广应用"最后一公里"

农技推广是以农业科技成果转化为核心，通过组织化、系统化的服务网络连接科研机构与农业生产主体的桥梁机制。从狭义内涵来讲，农业科技推广是将科研成果通过试验、示范、培训等方式传授给农户，提升其生产技术能力与经济效益的过程。从其广义内涵来讲，是涵盖产前咨询、产中指导、产后服务的全链条支持，并融入教育培训、组织管理及农民生活质量改善等社会功能。在数字经济加快发展并加速融入生产生活的背景下，农技推广是结合自然科学与社会科学的跨学科特性，利用信息化工具加速技术渗透，推动农业生态、经济、社会效益协同提升的过程。进村、入户、到田，是农业科技成果转化应用的"最后一公里"。打通农业科技推广应用的"最后一公里"，是实现农业科技向新质生产力跃迁的关键。

农技推广体系是以政府、科研机构、农业企业、农民组织等多元主体为核心，通过试验、示范、培训、指导及咨询服务等手段，将先进农业技术、科研成果应用于农业生产全过程的社会化服务网络。其核心目标是促进农业科技成果转化，提升生产效率、农产品质量和农民收入。作为连接科研与生产的桥梁，该体系通过技术渗透、人才培养和资源配置，支撑粮食安全、产业升级和农村可持续发展，是我国农业现代化进程中的关键。

目前，我国已经形成了以县级农技推广机构为主的基层农技推广体系，培养了一批农技推广专业化队伍，扎根田间地头，既是新品种、新技术推广的"最后一公里"执行者，也是防灾减灾技术指导的"第一响应人"。新的发展阶段，基层农机推广面临市场需求不足、队伍老龄化、知识技术更新滞后等挑战，亟须创新优化推广体系，构建公益性服务与经营性服务协同发展的新生态，提高科技进步贡献率，激活技术扩散效能，为农业强国建设注入持续动能。

一　农业技术推广服务面临的困境

目前我国农业技术推广服务面临供需失衡，主要原因有针对农户需求的有效供给不足、农户对实用技术的有效需求不足、市场与农户之间的交流渠道不畅等。

（一）有效供给不足

有效供给是指与消费需求和消费能力相适应的供给。我国的农业技术推广部门长期面临"有钱养兵，无钱打仗"的困境，制约了农业技术推广服务的开展。有效供给不足主要有以下几个方面的原因，一是推广经费没有保障。农技推广属于公益性职能，具有很强的经济外部性，因此推广经费应该主要由政府来承担。但目前财政对农技部门的经费投入增长缓慢，基层农技推广中心主要依托项目经费开展工作，乡镇农技站基本没有经费支持，而且推广经费主要用于发放工资和日常开支，难以开展新技术、新品种的引进、试验、示范和推广。二是基层推广部门人才资源匮乏。许多基层农技推广站科技人员学历低，正规大专院校毕业生少。在职人员存在年龄偏大、知识技能老化问题，往往因受制于资金短缺而较少有接受培训的机会，难以满足现代农业发展的技术服务需求。三是推广手段落后。目前农技推广部门尤其是乡镇一级，普遍缺少指定办公用房，只能与乡镇政府合署办公，也缺少最基本的仪器设备，存在服务无设备、检测无仪器现象，影响了农技推广工作的正常开展。

（二）有效需求不足

涉农企业和农户是科技应用的最终受益者，他们的有效需求决定了推广普及服务的效果，也催生了更多的技术成果转化和供给。农民对于农业科技的有效需求是指有购买意愿、有购买能力和使用能力的科技需求。农户素质的高低直接影响农业技术的有效需求，虽然近年来农民的受教育年限不断增加，接受新事物的能力不断提高，但我国农民整体上科技文化素质仍然明显偏低，多数农民仍然凭借经验种地，接受和运用新技术、新品种的能力有限。同时，由于农村家庭联产承包责任制的实施，分散的小规模经营是我国农业生产的主要特征，家庭农业规模小，难以通过采用新技术而实现规模效益，交易成本偏高，增收效果不明显，农民缺乏主动采用新技术的积极性和承受能力，影响了农业技术推广服务的有效需求增加。

（三）农业科技供需对接不畅

畅通的交流渠道和平台是充分发挥供需相互作用、实现平衡的必要条件。一直以来，我国在农业科技推广方面主要采取政府驱动模式，即由农业科研部门研制相关农业科技成果，推广部门组织推广普及，国家通过行政命令自上而下地组织基层单位实施，农民主动性不强。农技服务供需之间缺乏必要的沟通和交流，降低了推广服务的有效性和针对性。

一方面农技推广工作在村级出现断层。目前，我国在市、县设置农业技术推广中心，在乡镇设置农业技术推广站，而到村组一级的农技服务网络欠完善，农技推广人员与农户的沟通交流有限。另一方面农业技术科研部门、推广部门与农户之间缺乏交流平台。农业技术科研部门长期实施传统的科研管理模式，选题、科研、试验、申报成果这一系列工作与推广部门、农户没有直接的联系，出现科研单位有大量科研成果亟须转化、推广部门又找不到适合农民需要的推广项目等现象，导致部分先进实用的科技成果没有转化为现实生产力。

二　农业科技推广服务体系优化路径

（一）构建多元化推广服务主体

构建多元服务体系，依托政府公益性农技推广体系，以企业的市场化运作为主体，实现农业技术推广服务供需高效对接，是充分发挥农业技术在农业生产方面带动作用的必要前提。随着市场经济和现代农业的发展，农技服务市场需求越来越多元化，而单一的以政府为主导提供公益性农技推广服务的供给主体显然不能完全满足农户日益增长的多样化需求。世界农技推广体系的发展趋势表明，作为非政府组织的农技推广服务机构在农技推广体系中发挥着重要作用。民营企业具有良好的市场反应和驾驭能力，能为农户提供更有针对性和个性化的服务，是对政府公益性农技推广组织的有效补充。推动多元主体协同发展，政府创造有利的外部环境，企业改善内部的运行机制，充分利用政府组织的人才优势、信誉保障和民营企业的投入能力、市场驾驭能力，增加农技服务有效供给。

建立政府主导、市场协同、社会参与，涵盖政府机构、科研院校、市场主体及社会组织四类主体的协作网络。政府机构依托乡镇农技站、疫病防控中心等载体，承担基础性技术推广和公共服务职能；科研院校通过示范基地、创新模式加速成果转化；农业企业提供全产业链服务并建立示范基地，合作社组织技术培训，专业服务公司开展病虫害统防统治等社会化服务；社会组织则通过供销社、农民用水组织等整合资源，完善服务网络。推广"揭榜挂帅"机制，鼓励农技人员下沉一线，建立示范基地推广新技术新品种，激发农技人员的工作热情和积极性，丰富农技推广人员深入基层的渠道和平台，有效提高农技服务效率。

（二）激发农业技术有效需求

农民是农技服务的最终受益者，他们对农技服务的需求决定了农业技术能否转变为现实生产力，也决定了农技推广服务的效果，同时能催生更多的农技创新和供给。农技推广服务的有效性受到农民素质和经济收入等因素的影响，因此，拉动农技服务的有效需求也是提高农技推广服务效率的重要内容。农户的经营规模、受教育程度、年龄各异，相应地对技术服务的需求也不同。针对留守老人、返乡农民工、种植大户等群体，重点提升其农业生产能力与经营管理水平；面向合作社带头人、返乡大学生等群体，强化数字化营销、品牌管理等现代农业技能培训，培育复合型乡村振兴人才。整合农业广播电视学校、涉农院校等资源，开发线上线下融合课程，通过田间实操培训、案例教学等方式传授智能设备操作、电商运营等实用技能，实现农民转型突破。依托基层农技推广体系，组织科技特派员开展"点对点"入户指导，聚焦农户在生产过程中的技术痛点和市场风险预判能力短板，针对性地制定技术推广方案，动态调整服务内容，激发生产过程中的有效需求。

（三）搭建多元服务平台

多元化服务平台是理顺农业技术服务供需对接交流的关键环节。农技供给和需求是相互制约、相互影响的，供给是满足农户需求的前提条件，需求是供给的动力，也是供给效果的真实反馈。供需有效对接有助于供需均衡的实现，使农业技术真正起到促进农业生产方式转变、农业增效和农民增收的作用。在传统政府主导的农技推广体制下，农技推广服务主要是科技下乡等活动形式，农技服务供需对接面临着平台少、经费缺的难题。一方面依托乡镇农技站、疫病防控中心等基层服务网点整合教育资源，构建覆盖全流程的技术支撑体系，如河南兰考"农机云平台"通过智能调度显著提升农机利用效率。另一方面鼓励市场主体参与，广东"农友圈"以"滴滴式"服务匹配农技需求，安徽阜南县银发农技服务所联动退休专家推广生态技术，形成县乡村三级服务网络。充分利用数字信息技术，整合农机调度、农产品价格监测、技术需求反馈等功能，建立覆盖农业生产全链条的区域性农业大数据平台。利用短视频与直播等新媒体传播渠道，精准匹配农户需求，破解技术服务"最后一公里"难题。

三 强化政策与法律保障

强化农业科技推广的政策和法律保障是突破农业技术"最后一公里"困境的重要保障。《中华人民共和国农业技术推广法》要求，完善公益性推广与经营性推广分类管理机制，构建纵向贯通、横向联动的财政支持框架，重点强化中央与地方政策衔接，通过财政资金倾斜强化基层服务能力建设。同时推行"公益性服务+市场化补充"双轨制，明确政府农技推广机构的公益性定位，制定《农业社会化服务促进条例》鼓励企业参与技术承包。修订《中华人民共和国农业技术推广法》以适应数字化转型需求，增设数据共享、智能装备应用等条款，明确界定技术推广主体的权责。借助科技活动周、全国科技工作者日及全国科普日等平台，深入宣传农业技术推广相关法规，推动农业科技服务从"能推广"向"推广好"转型升级。

第八章　高效率畅通城乡要素双向流动

城乡要素双向流动是指劳动力、土地、资本、技术等生产要素在城乡实现双向平等交换和优化配置，打破传统乡村资源单向流向城市的格局。其核心是通过市场化机制和制度创新，促进人才、资本、技术等要素下沉，同时激活乡村土地、生态等资源价值，形成"以城带乡、以工促农"的融合发展模式。这一过程强调要素流动的均衡性和资源配置的高效性，旨在消除城乡二元结构壁垒，最终实现城乡功能互补与协同发展。城乡要素双向流动是破除城乡二元结构、推动中国式现代化的关键举措。通过促进劳动力、土地、资本等要素在城乡平等交换，破解体制壁垒，重塑城乡关系；优化土地、劳动力等资源配置，释放资源潜能，提升经济效率；系统性破解城乡收入差距问题，缩小城乡收入差距，推进实现共同富裕；促进城乡消费升级与投资扩容，激发内需动能；为生态价值转化提供载体，城市资本与乡村绿色产业结合催生康养旅游等新兴产业，形成高质量发展新增长极。

党的二十届三中全会明确提出，促进城乡要素平等交换、双向流动，是破解我国城乡发展不平衡问题的关键举措。当前城乡发展不平衡的重要症结在于要素流动不畅。近年来我国城乡关系已经有很大改善，但城乡要素自由流动的体制机制障碍仍未完全消除。推动城乡要素双向流动，就是要以"人、地、钱"为核心，通过制度创新打通要素循环堵点，构建城乡优势互补、互利共赢的发展新格局，最终实现城乡共同繁荣。

第一节　以县域为切入点，
加快以特色产业为支撑的就地就近城镇化

健康发展的城镇化是推动经济增长、改善民生福祉和实现可持续发展的重要路径。城镇化是社会发展从农业文明迈向城市文明的必经之路。科学合理的城镇空间布局和规模结构对经济社会的可持续发展至关重要。我国自改革开放以来实施的以大城市和城市群为核心的城镇化战略，在发挥规模经济效益、推动产业集聚、改善民生等方面成效显著，但同时也带来了资源配置失衡、生态压力加剧、区域发展不协调等新的挑战。

县域是我国行政体系中的基础单元，在推动城乡融合发展的进程中具有优势。县域兼具城市与乡村的双重属性，在政策落地实施过程中既能保持完整性，精准承接国家战略部署，同时又具备资源配置的灵活性，结合地方特色创新实施路径。依托地方特色资源，发展"一县一业"产业集群，既避免了产业同质化竞争，又为乡村振兴提供产业支撑，县域是推进就地就近城镇化的最佳空间单元。

就地就近城镇化是指农村人口在不远迁的前提下，在县域范围内实现职业和身份转变的城镇化模式，实现就业岗位就地就近创造、公共服务就地就近提升、社会身份就地就近转换。这种模式通过发展县域特色产业、完善基础设施、创新制度设计等路径，实现了"离土不离乡"的转型。经济上形成县域增长极，减少大规模人口异地流动的社会代价，降低迁移成本，缓解大城市病；统筹县乡村公共资源配置，引导基础设施和公共服务随人口流向供给，改善城乡居民整体福利；保留乡土文化认同，促进城乡绿色协同，坚持在发展中保护、在保护中发展，使绿水青山产生巨大生态效益、经济效益、社会效益，为中国特色新型城镇化提供兼顾效率与公平的实践路径。

一　立足资源禀赋培育发展特色优势产业

改造提升传统优势产业。不同于城市经济，县域经济依托于区位、资源、产业和生态等基础，具有鲜明的地域特色。县域经济高质量发展，要聚焦县域特色主导产业，坚持创新驱动引领，以"链长制"为抓手推动重点产业链延链补链强链，推动县域传统优势产业由粗加工、中间品环节向制成品、品牌构建延伸，向研发、设计、制造、物流体系等环节逐步拓展，推动产业价值链向中高端迈进，提高产品附加值，加快支柱产业转型升级。要深入推进农业供给侧结构性改革，推动产业链纵向延伸，实现单纯生产向产前技术推广、良种育种、农资农具供应，产中植保、技术服务，产后精深加工、物流和销售等环节的延伸，以价值链提升为目标，加强农产品生产资料和技术供应服务、特色农产品精深加工、仓储物流和终端销售，补齐农业全产业链建设中的短板，不断提高农业创新力、竞争力和全要素生产率，实现功能链的拓展和价值链的提升。

拓展新产业、新业态发展空间。抓住新一轮科技革命和产业变革的机遇，加快培育发展新兴产业。依托产业发展基础和区位条件，培育发展以新材料、新能源、新工艺为代表的新兴产业，积极融入都市圈发展，以新兴产业和现代服务业为重点，承接产业转移，培育产业发展新动能。聚焦专精特新，持续深耕细分市场，引导科技型中小微企业着眼于高端"缝隙市场"，专注于拳头产品的研发和生产，向"雏鹰"、"瞪羚"、"独角兽"和科技"小巨人"企业梯次攀登。今后，新一代信息技术、现代科技成果、新型经营主体和新商业模式将不断被引入县域经济，新产业、新业态、新模式不断涌现，要打破产业界限，不断促进工业、农业与现代服务业的深度融合发展，逐步培育县域经济新动能。

统筹培育本地产业和承接外部产业转移，促进产业转型升级。围绕农业特色主导产业，聚焦新业态，组建由龙头企业、农民合作社、种植养殖大户、农民和育种公司、农资农技供应和担保贷款等主体组成的联合体，跨界配置生产要素，发展特色农产品初加工、精深加工、储运、销售和服务等，挖掘农业在生态、旅游和教育等方面的功能和市场价值，促进产业深度融合，推动农业强链、补链和延链，实现农业服务功能和农民增收渠道的拓展，实现多元主体价值需求点的对接和互利合作活力的迸发，筑牢城乡融合的产业基础。推动农业转型升级，向智能化和数字化方向发展。农业的新业态和新模式打破了传统农业单一发展壮大的模式，通过与工业、服务业的融合发展，引入新的生产和经营资源。随着新一轮科技革命和产业变革的到来，现代科技成果、经营理念和信息等生产要素不断融入农业生产经营，催生新产业、新业态和新模式，要实现农业现代化，就要勇于打破产业界限，实现生产要素的跨界配置和融合，补齐农业发展短板，推动产业转型升级。

二 立足联农带农培育发展县域富民产业

县域富民产业是指依托于资源禀赋和区位优势，通过深度开发本地特色资源而形成的优势产业。县域富民产业的地域性特色鲜明，能够有效地激活县域经济高质量发展的内生动力。同时，县域富民产业的就业带动效应显著，可以创造大量就近就业的岗位。依托产业链延伸和联农带农模式，确保农民在生产、加工、流通等多环节获得收益，形成可持续的增收机制。发展县域富民产业，既是破解农村富余劳动力就业难的关键举措，更是构建新型城乡关系的重要纽带——通过产业协同促进生产要素在城乡的双向流动，既为城镇化提供产业支撑，又为乡村振兴注入产业动能，并实现城乡居民收入均衡增长和县域经济高质量发展。2024 年 12 月，中央经济工作会议部署 2025 年经济工作时明确提出，要统筹推进新型城镇化和乡村全面振兴，促进城乡融合发展，强调要因地制宜推动兴业、强县、富民一体发展，千方百计拓宽农民增收渠道。

按照"县域统筹、镇域配套、村级延伸"的产业体系框架，构建差异化产业空间体系，合理布局县域富民产业。培育特色产业集群，通过延伸产业链、提升价值链、完善供应链增强产业韧性。着力打造新型乡村产业生态，立足"三农"特色资源禀赋，构建双循环产业融合体系。一方面推动种养加销纵向贯通，围绕特色农业主导产业，面对市场需求，聚焦农产品加工业和服务业，有效延伸农业产业链条，使农业不再单纯地停留在种植养殖阶段，实现一产接二连三、二产前延后伸和三产接一带二的协调发展目标，实现从农产品生产到加工、分拣、仓储、物流和分销产业链条的延伸，增加农产品的附加值，实现产业链内部"小循环"；另一方面促进城乡要素横向联动，依托田园景观和农耕文化培育休闲农业、乡村旅游等新业态，充分挖掘农业在文化体验、健康养老、科普教育、观光旅游和生态涵养方面的功能和价值，探索订单农业、数字农业、农业众筹等新业态，促进产业深度融合，实现农业价值拓展，形成城乡产业协同发展的"大循环"。

把农业园区作为促进农业全产业链发展的重要载体。持续开展国家、省、市、县级现代农业产业园"四级联创"，整合城乡优质资源，推动生产要素跨界配置和融合，发挥产业集聚效应，激发多元主体互利合作的活力与创造力，推动农业生产和经营体系转型升级。

三　优化联农带农利益联结机制

联农带农惠农利益联结机制是通过多元主体协同与多维度利益整合，构建农户与新型经营主体间的长效合作模式，旨在实现农业产业链价值共享和风险共担。其核心在于以产业链纵向延伸和城乡要素横向联动为基础，通过土地入股、订单收购、股份合作等多样化形式，形成"企业+合作社+农户"的立体化利益共同体。利益联结机制主要包含三个方面的内容：一是主体培育机制，通过财政支持、技术赋能等措施壮大龙头企业与合作社规模；二是动态利益分配机制，采用"保底收益+二次分红""三金一保"等组合策略；三是可持续发展机制，依托城乡产业协同平台推动要素双向流动，形成全产业链增值收益反哺农户的闭环，最终实现小农户与现代产业体系的深度融合。

通过产业链延伸、供应链优化、价值链提升和利益链重构，形成"企业+合作社+农户"三维利益共同体。要坚持农民的主体地位，构建新型经营主体与小农户的利益联结和分享机制，确保农民在发展过程中能够享受到产业增值和发展红利。完善利益联结机制，要鼓励新型农业经营主体在充分考虑自身发展、示范辐射作用发挥的基础上，借鉴"公司+合作社+农户""公司+基地+农户"等模式，开展订单农业、优先雇佣、股份合作等多元的利益联结活动，带动周边农户开展标准化生产，提高小农户与大市场和现代农业的有机衔接，使农民能够充分享受产业融合发展带来的增值收益，防止农民利益边缘化。

持续培育和壮大新型经营主体。农业新型经营主体通过与小农户的利益联结，带动他们在实际生产中运用新技术，提高农业机械化利用水平，提升农业标准化生产程度，加强与大市场的对接。以农村能人大户、大学生村官、返乡农民工等为重点，培育壮大农业新型经营主体，分类指导，逐步推进，强化对新型经营主体的政策支持、资金支持和税收优惠，提升其辐射带动能力，发挥其示范带动作用，充分带动周边农户提升农业生产经营效益，并吸引工商资本下乡，拓宽农村产业与城镇产业融合的空间。

四　完善县乡产业协调发展服务体系

构建市场化、精准化的产业培育体系。运用数字化手段搭建产业发展平台，推动技术、资本等要素双向流动。整合企业登记、税务、用地等数据，精准识别县乡产业协调发展的服务需求，优化营商环境。同时建立"政策工具箱"动态响应机制，及时回应产业发展过程中的诉求和经营难题。构建"引育留用"人才机制，聚焦特色产业需求，建立紧缺人才目录，实施靶向引才工程，通过"候鸟专家"等柔性方式引进技术骨干。同步推进本土人才培育计划，依托职业院校开展订单式培养，夯实县域富民产业人才基础。

引导城市工商资本下乡。投资适合企业规模化生产经营、农民能受益的种养殖业，是有序引导工商资本下乡的重点方向。政府部门积极做好服务工作，为有意向投身农业生产经营的城市工商资本提供平台，明确鼓励工商资本进入重点产业，完善针对工商资本下乡的资金、用地用电和服务体制机制，依据产业特征开展相应的农业保险产品的开发和推广，消除资本下乡的后顾之忧，科学配置和鼓励工商资本下乡，积极投身乡村产业发展。

健全农村土地配置机制。在稳定家庭联产承包经营权的前提下，不断深化土地三权分置改革，持续推进农村集体产权制度改革，探索农村集体经营性建设用地和闲置宅基地科学开发与合理利用的体制机制，盘活农村土地资源，建立城乡统一的用地市场，提高农村土地的开发利用水平，激发要素活力，维护农民权益，使农民能够共享农业现代化、城镇化发展的红利。

第二节　以农民需求为导向，促进城乡公共服务均等化

农业农村现代化要求实现教育、医疗、文化等公共服务与城市的

无差别供给，这既是提升农民生活品质的关键抓手，也是破解城乡发展不平衡的突破口。其核心在于通过制度创新确保城乡资源要素双向流动，使农民享有与市民同质化的公共服务权益，而非简单的平均分配，既要求公共服务资源在城乡适度均等化配置，也要求城乡居民获取基本公共服务的机会均等。提升基本公共服务供给水平、促进城乡基本公共服务均等化是加快推进农业农村现代化、扎实推进乡村振兴的重要任务。习近平总书记指出："要建立健全城乡基本公共服务均等化的体制机制，推动公共服务向农村延伸、社会事业向农村覆盖。"[①] 基本公共服务作为民生保障的基础性工程，其本质是以民生需求为导向构建的全生命周期保障体系，主要包含幼有所育、学有所教、劳有所得、病有所医、老有所养、住有所居、弱有所扶等方面的内容。城乡公共服务均等化是推动农村现代化进程的重要动力，通过制度创新和资源重构，系统性破解城乡二元结构困境。通过建立财政投入动态调整机制，优先向农村地区投入，从而打破资源由农村向城市单向流动的困境，并形成硬件支撑体系，培育现代农民群体，激活乡村内生动力，最终通过生产要素的双向流通与价值共创，实现城乡融合发展质的飞跃。

我国城乡公共服务均等化经历了从政策理念萌芽到体系化推进的发展阶段。2002 年党的十六大提出"统筹城乡协调发展"战略目标。这一时期主要通过农业税减免、农村义务教育"两免一补"等政策，破解城乡二元体制壁垒，为后续均等化推进奠定基础。2006年党的十六届六中全会明确提出"基本实现公共服务均等化"目标。2007 年党的十七大确立公共财政体系改革方向，通过新农合、新农保制度试点，初步建立农村社会保障体系。党的十八大后，《国家基本公共服务体系"十二五"规划》构建均等化制度框架。

---

① 《公共服务更贴心　乡村生活更美好》，《人民日报》2021 年 9 月 3 日。

2017年乡村振兴战略提出"2035年基本公共服务均等化实现"目标，通过城乡学校共同体、县域医共体等制度创新，推动教育、医疗资源下沉。"十四五"规划提出公共服务均等化水平明显提高的新要求。党的二十大报告强调，坚持农业农村优先发展，坚持城乡融合发展，畅通城乡要素流动。加快建设农业强国，全面推进乡村产业、人才、文化、生态、组织振兴。要着力解决好人民群众急难愁盼问题，健全基本公共服务体系，提高公共服务水平，增强均衡性和可及性。促进城乡基本公共服务均等化既包含破除城乡二元结构，也体现着从覆盖面拓展向服务效能提升的范式转换。

一 完善农村医疗服务体系

农村医疗服务体系就是国家和社会针对农村的情况，依法制定的有关疾病的预防、治疗等保护农民生命和权利不受侵犯的各项政策的总和，包括医疗设施、医护人才、医保资金、疫病控制、妇幼保健、健康教育、卫生监督等方面的内容。习近平总书记强调，要把人民健康放在优先发展的战略地位。[①] 2022年9月，习近平总书记在主持召开中央全面深化改革委员会第二十七次会议时强调指出，要健全适应乡村特点、优质高效的乡村医疗卫生体系，让广大农民群众能够就近获得更加公平可及、系统连续的医疗卫生服务。[②]新中国成立以来，我国农村医疗体系建设成效显著，建立起了能够覆盖整个农村地区的县、乡、村三级医疗预防保健网络，但离人民群众对美好生活的需求还有距离。完善农村医疗体系是推进健康中国战略实施的关键，也是实现农业农村现代化的重要保障，需从基础设施、人才队伍、服

---

① 《为中华民族伟大复兴打下坚实健康基础——习近平总书记关于健康中国重要论述综述》，《人民日报》2021年8月8日。

② 《习近平：把生命健康守护好、把人民生活保障好》，https://www.sxdygbjy.gov.cn/llxx/xxls/art/2022/art_f05a7d1817b84c0b863e065169b1f9d9.html。

务模式和保障机制等方面综合施策。

加快农村基本医疗服务体系建设。以农民健康需求为导向，提高卫生资源利用效率。坚持政府主导，整合城乡卫生资源，健全农村三级医疗卫生服务网络，即以县级医院为龙头、乡（镇）卫生院为中心、村卫生室为基础，形成三级卫生部门的联动扶持机制，实现优势资源最大化，发挥好公共卫生机构对提高基本医疗卫生服务的骨干作用。重点围绕基层首诊、高效转诊、资源下沉和服务优化开展系统性改革，强化基层首诊基础能力，健全分级诊疗运转机制。打破部门和所有制界限，建立起以公有制为主导、多种所有制形式共同发展的农村卫生服务网络。

加强农村卫生人才体制建设。加强农村卫生人才体制建设是提升基层医疗服务能力的关键举措。实施大学生村医专项计划，对服务偏远地区者给予安家补贴和编制倾斜，强化人才引进，吸纳大、中专毕业生加入农村卫生服务队伍。建立城市支援农村制度，组织城市医务工作者到县级医疗卫生机构，特别是乡（镇）卫生院开展医疗卫生服务、人员培训和技术指导，通过5G远程会诊系统实现上级医院技术帮扶，配备AI辅助诊疗设备提升服务效能。大力加强在岗人员临床进修及在职培训，采取点面结合的方式，既考虑在职人员在面上的普遍轮训，也要重点选拔业务骨干到城市医疗水平高的医院进行针对性实用技术培训，提高临床能力，培养实用专业技术人才。

构建农村基本医疗投入稳定增长机制。我国农村地区的基本医疗服务能力与快速发展的社会经济水平及农民群众日益增长的健康需求之间存在显著差距，这种结构性矛盾主要源于医疗资源配置在城乡的长期失衡。要解决这一矛盾，增加投入是关键。要建立稳定而有保障的农村卫生投入机制，逐年增加投入，切实解决乡镇卫生医疗机构包袱过重问题，保证农村公共卫生任务的落实。同时，积极探索多样化投入路径，优化社会资本参与路径，构建商业健康保险补充体系，保证农村公共卫生服务工作的开展。

二 加快补齐乡村教育培训短板

乡村教育是实现农业农村现代化的重要支撑，乡村教育是激活乡村振兴内生动力的重要引擎。作为知识传播与技能培育的基础载体，通过系统化教育提升农民应用现代农业技术、数字工具等的能力，实现人力资本增值；提升乡土文化认同与现代文明素养，构建兼具传统底蕴与创新意识的新型乡村文化生态；通过技术扩散效应反哺产业升级，使乡村教育成为破解城乡二元结构、实现农业农村现代化的关键支点。农民综合素养培训内容涵盖农业生产技能、政策法规、生态保护、经营管理等多个领域，旨在提升农民的专业能力、安全意识和可持续发展理念。农业农村现代化离不开农民的现代化。农民的整体素质高，农业高质量发展就有了人力保障。加快培育高素质农民，推进农民职业化，有利于推动农业技术创新，提高农业生产率，促进农村经济发展，提升乡村治理水平。

完善义务教育经费保障机制。建立动态调整机制，优化农村义务教育学校布局。顺应城镇化进程和人口流动趋势，保障偏远地区教育公平。建立县域教育大数据监测平台，实时分析学龄人口分布、交通条件、办学效益等关键指标，科学制定"撤并保留"标准。对人口持续流出的区域，可适度整合教学资源，建设区域性中心小学；对山区、牧区等特殊地理单元，则要保留必要教学点，通过"小班化教学+远程教育"模式保障就学机会。按照城市中小学校的硬件和软件条件，完善农村学校硬件和物资设备。完善年轻教师赴乡村任教激励政策，通过提高岗位津贴、职称评聘倾斜等方式，提高农村地区教师待遇。通过数字化建立城乡教育协同发展共享平台，保障农村学生获得同等优质教育资源，最终构建起优势互补、协同共进的城乡教育生态体系。

构建更加完善的涉农职业教育投入机制，强化政府财政投入的主导作用，同时积极引导行业企业和其他社会力量等多方主体共同参与，建立多元经费保障体系，形成资源集聚效应。重点面向家庭农场、农民合作社、农村集体经济组织等各类新型农业经营主体带头人和种养大户，立足乡村产业发展需求，科学设置专业，主要围绕农民生产生活、创业就业、能力提升等方面展开，将教学资源向农业全产业链关键环节集中配置，形成覆盖育种、生产、加工、营销各环节的专业链，促进农民长才干、提技能、强本领。同时配套建设返乡创业孵化基地和实训中心，提供"培训—实践—就业"一站式服务，切实解决乡村人才"留不住、用不好"问题。

三　完善农村社会保障体系

完善的农村社会保障体系是农业农村现代化发展的重要组成部分，是社会公平和进步的重要标志。通过发展民生保障与社会救助，可以有效实现城乡要素的平等交换和双向流动，缩小城乡差距，促进农村人口市民化、农民职业化、农业产业专业化。我国农村社会保障体系经历了从传统保障到现代制度的变迁。在计划经济时期，农民主要依靠土地产出维持基本生计，脆弱性明显。改革开放以来，国家逐步构建起制度化的保障体系，20世纪90年代试点新型农村合作医疗制度，2009年建立新型农村社会养老保险，特别是2012年以来，推动保障范围向医疗、养老、失业、工伤等领域拓展，形成与乡村振兴战略相衔接的多层次保障网络。与人民群众对美好生活的期望相比，农村社会保障体系建设仍面临挑战。农村居民养老保险和医疗保险的保障水平与城市居民相比仍然有差距，难以满足农村居民的基本需求。同时，不同地区农村的社会保障水平也存在显著差别，东部地区明显高于中西部地区。

坚持保基本、广覆盖、多层次、可持续方针，以社会保险、社会福利、社会救助为基础。同时，关注城乡收入变化与人口老龄化的现状，推进农村社会保障体系建设，着力提升政策供给的精准度与适配性，精准识别不同群体的差异化保障需求，实现从"大水漫灌"到"精准滴灌"的转变。以基本养老、基本医疗、最低生活保障制度为重点，以慈善事业、商业保险为补充，建立完善的覆盖城乡居民的社会保障体系。采取"接地气"的宣传方式提升农民参保积极性，用方言短视频、村广播等通俗形式讲解政策；组织受益农民现场分享真实案例；开发微信小程序，方便随时查询，让农民看得懂、算得清、愿意保，提高农民对社会保障的参与度。

四　完善农村公共基础设施

农村公共基础设施作为农业农村现代化的重要支撑要素，其经济和社会效应显著，有利于促进生产要素高效流通，提升民生保障水平，增强可持续发展能力，为实现共同富裕奠定物质基础。我国农村地区在道路网络、供水供电、通信网络等基础设施领域建设成效显著，为农业现代化和农民生活改善奠定了物质基础，但对照乡村振兴"产业兴旺、生态宜居、乡风文明、治理有效、生活富裕"的总体要求，当前农村基础设施仍存在供给质量不高、区域发展不均衡、长效管护机制不健全等突出短板。

（一）合理布局农村公共基础设施建设

结合乡村产业规划和人口分布特征，统筹规划，合理布局，确定农村基础设施建设重点，统筹城乡公共文化、交通、水、电、气和垃圾处理等一体化建设，构建基础设施服务体系，重点提升教育医疗等公共服务设施覆盖率，实现城市和乡村之间的快速连接和互通有无。优先发展社会共享型基础设施，极力扩大基础设施的服务对象、服务范围，让农民共享工业和城市基础设施，使基础设施成为沟通城乡关系、实现城乡统筹的纽带。这种系统化推进方式既能避免重复建设，又可最大化释放基础设施的乘数效应。

（二）建立健全农村基础设施长效管护机制

完善农村基础设施长效管护机制是实现乡村振兴和城乡融合发展的关键。农村基础设施长效管护机制是指通过系统性制度设计和常态化管理措施，保障已建成的道路、供水、污水处理、能源设施等农村基础设施长期稳定运行，实现"建管并重、持续受益"的治理模式。通过持续维护基础设施功能，避免"重建轻管"导致的资源浪费，保障农村产业发展和人居环境改善的延续性。长效管护机制通过优化资源配置和技术赋能，提升农村公共服务水平，缩小城乡差距，助力农业农村现代化。根据各村实际情况，明确各类基础设施的具体管护主体和责任边界。对供水、道路等民生类设施实行政府主导管护，对文化广场、体育设施等实行村集体管护，对经营性设施推行市场化运营。持续完善管护实施主体、人员、资金、监督机制等制度，切实抓好长效管护。

（三）强化基础设施建设资金保障

资金来源渠道单一是我国农业基础设施建设中投资水平不高的重要影响因素。构建多元化多层次农业基础设施投资模式是破解投资不足困境的重要路径。农业基础设施投资渠道主要包括政府和集体投资、银行贷款、社会捐赠等形式，要明确各投资主体的投资范围和投资责任，以保持农业基础设施建设应有的投资力度。坚持"建管并重、因地制宜、适度超前"原则，更加注重实效性和可持续性，持续加大农村基础设施建设投资。坚持"谁投资谁受益"的原则，充分发挥农村集体和农民个人投资基础设施建设的积极性。针对农村集体和个人投资建设的小型农业基础设施项目，给予一定比例的成本补偿和补贴，这样既可以在一定程度上弥补农村集体和个人建设资金的不足，又可以发挥政策导向和激励作用。

第三节　以数字技术为依托，赋能城乡要素配置优化

不同时代背景下，生产力处于不同的发展阶段，其物质生产活动会带来新的生产要素，并形成不同的生产要素组合。在我国农业农村领域，城乡生产要素流动受阻和资源要素错配制约着农业农村现代化。数字经济时代，数字技术和数据要素可赋能生产要素，创新劳动生产范式，实现对农业生产要素及其组合方式的重构，并形成新的生产要素配置体系。

数字经济赋能新型生产要素拓展。在互联网经济时代，数据是新的生产要素，是基础性资源和战略性资源，也是重要生产力。习近平总书记指出，"要构建以数据为关键要素的数字经济"。[①] 在数字经济时代，数据本身作为全新的生产要素深度融入生产过程，改变了传统的生产函数，并在生产过程中赋能其他生产要素。数字技术的应用和数据要素挖掘、分析，使农业生产经营范式发生变革，劳动能力超越生理功能限制，简单劳动升级为复杂劳动，闲置生产要素通过数字化实现迭代升级，并得到充分利用。新型生产要素的出现必然会带动结构化配置的创新，促进农业新质生产力的形成和发展。

数字经济赋能要素配置效率提升。生产要素优化配置和组合是培育和发展农业新质生产力的前提条件。数字经济时代，大数据、云计算、区块链、人工智能等技术在农业领域的应用，能够有效地打破传统经济社会的信息不对称壁垒，减少由不确定因素带来的交易成本和经营风险，降低由市场失灵产生的生产要素错配程度，从而提高农业生产要素配置效率。同时，数字技术的应用突破了农业生产经营对时

---

① 《习近平在中共中央政治局第二次集体学习时强调　审时度势精心谋划超前布局　力争主动实施国家大数据战略加快建设数字中国》，https://www.gov.cn/guowuyuan/2017-12/09/content_5245520.htm，2017 年 12 月 9 日。

空和地理边界的限制，加速了生产要素的流动、共享、整合与利用，推动生产要素流向效率更高、效益更好的环节和区域，实现帕累托改进，最大限度释放各生产要素活力，持续提高要素配置效率。

数字经济赋能要素配置方式优化。生产要素创新性配置是发展农业新质生产力的重要保障。通过数字赋能实现农业生产要素的创新性配置与集成应用，催生农业经营新模式，助推农业产业结构优化和生产绿色化。一方面，农业数字化推动新产业、新业态和新模式不断出现，涌现出了订单农业、社区团购、直播带货等新业态，生产要素创新性配置极大地拓展了农业功能，产生了功能农业、创意农业、观光农业等新模式，实现可持续、立体化产业延伸与产业变现。另一方面，农业数字化转型，将促进农业生产经营主体立足资源禀赋和生态环境容量，通过数字化精准分析与预测，把握农业绿色发展生产要素规律，从根本上减少对化肥、农药的依赖，最大限度发挥农业生产要素潜力，实现绿色、优质、安全发展。

一 推动农村地区数字化基础设施建设

推动城乡要素高效流动的核心目标在于引导资本、技术、人才等现代生产要素向乡村领域定向汇聚，并通过市场化机制实现资源价值的最大化释放。这一过程既包含城市优质资源向乡村的梯度转移，也强调通过制度创新激活乡村存量要素，最终构建城乡双向赋能、协同共生的新型资源配置格局。当前我国城乡要素流动在基础设施层面仍面临显著的空间阻隔。在数字技术快速发展的大背景下，数据要素作为新型生产要素，通过数字化技术构建城乡互联互通的5G网络、智慧物流等基础设施，打通要素流动的物理阻隔，与实体经济深度耦合释放出显著的乘数效应，形成城乡要素流动的新范式。数字技术是打通城乡要素流动循环的关键引擎，既能促进城市高端资源流向乡村，又能激活乡村内生发展动力。

（一）对农村地区原有数字基础设施进行升级

作为新型劳动工具的重要组成部分，数字基础设施是收集、共享、处理和应用数据要素，激活数据要素价值的重要载体，其完善程度直接影响数据要素的资源配置效率和价值实现。弥合城乡数字基础设施鸿沟，以中央网信办等部门联合印发的《数字乡村建设指南2.0》为遵循，根据地区数字基础设施现状和发展条件布局数字新基建，深入推进信息进村入户工程，提高宽带、移动互联网、农业物联网等信息基础工程在农村地区的覆盖率，改造升级远程通信网、有线电视网、互联网以及移动网络等信息传输系统，引导5G、千兆光网、北斗导航等服务向农村地区和农业领域拓展，进一步提升农村地区的数据要素的获取、交流和分享水平。

（二）对传统农业基础设施进行数字化改造

数字技术在农业领域的嵌入，催生了智能化、高效率和绿色低碳的新型劳动资料，并引导农业生产经营向数字化、精准化和智能化方向发展，是形成农业新质生产力的重要动力。要推动传统农业基础设施数字化，就要大力推动人工智能、大数据、物联网等数字技术在农业基础设施中的普及与应用，加快农村地区数字电力、交通、物流、销售等新型基础设施建设。值得注意的是，各地政府要通过项目补贴或减免税收等倾斜政策，引导农业主体选择符合当地农业发展和自身经营需要的数字劳动工具，降低因劳动工具错配而带来损失和风险。

（三）建设城乡数字融合试验区

系统推进城乡数字融合示范区的数字化基础设施建设，在试验区统筹布局5G网络、数据中心、云计算平台、人工智能、物联网感知系统和区块链节点等新型数字基础设施，同步构建城乡一体化的数字资源库和共享机制。着力推动医疗、教育、水电、交通等关键领域的数字化升级，通过智能管理系统等典型应用场景建设，实现城乡基础设施的全面数字化改造和智能化协同，最终形成覆盖全域、功能互补、高效联动的数字化基础设施网络体系。

二 提升农民数字素养

农民数字素养是影响城乡要素流通的重要因素，有助于更好地适应数字乡村发展，利用现代信息技术获取市场信息、管理农业生产，提高农业生产效率和质量，从而形成一支有文化、懂技术、善经营的新型职业农民队伍，促进农业现代化和城乡要素的顺畅流动，具体体现在数据接入的可及性"接入鸿沟"和接入后的"应用鸿沟"。要围绕壮大新型农业劳动力队伍和提升农民数字素养能力，以实际需求为导向，完善涵盖研发人员、农技推广人员和农业从业人员的数字化人才培养体系，夯实数字经济赋能农业新质生产力的人才基础。

（一）内培外引，打造高层次乡村数字人才队伍

高层次乡村数字人才拥有农业、信息技术和管理等跨学科的知识，是推动数字技术在农业领域创新运用的主力军。鼓励企业与农业类和信息通信类院校、科研机构合作，联合培养农业生产管理和数字技术复合型人才，充分整合农业科研实验室和科技工程平台资源开展联合攻关，实现我国在农业种植技术、智能化农业设备方面的原创性、颠覆性技术创新和广泛性的成果转化应用。同时，瞄准农业高质量发展所需要的数字人才类型，搭建灵活高效的科研和应用平台，采取项目合作、定向招聘和联合攻关等多元化形式，根据乡村振兴所需的数字人才类型，精准引进高层次数字人才，加快发展农业新质生产力。

（二）因人而异，提高农业从业者的数字素养

农民数字素养是指借助数字工具获取与利用数字信息的能力，小农户和新型经营主体是数字经济赋能农业新质生产力的重要主体。整合各类培训资源，采取线上培训与现场指导相结合的形式，围绕

智能农机作业、电子商务、数智农业服务等内容，针对不同类型的从业者开展数字技能培训，并将数字技能培育深度嵌入乡村生产生活场景，提高其在互联网平台获取信息、共享数据的能力，既解决当下数字鸿沟问题，又为乡村数字化转型储备人才资本。同时，充分发挥学习和模仿机制的作用，强化农业从业者之间的信息扩散与交流互动，实现生产行为学习和模仿，提高农民参与农业数字化转型升级的积极性。

（三）丰富数字化应用场景

数字经济赋能农业生产效率提升。随着数字技术的加快发展，越来越多的智能农机设备被应用到农业生产中，显著提升了农业生产的自动化、精准化和智能化水平。产前，运用大数据分析和云计算，科学评估土壤、灌溉、气象情况，合理制定种植方案。产中，农业机械的智能化和自动化运用能减轻对繁重劳动力投入的依赖，直接提高农业劳动率。同时，农业从业者基于作物生长实时监测数据，实现精准施肥和灌溉等田间管理优化，及时作出生产计划和方案的调整，提高农作物生长效率。对遥感数据的采集和分析，有助于完善灾害预警机制，并自动生成应对方案，最大程度地降低自然灾害对农业生产造成的损失，提高农业生产效率和质量。

当前我国的农产品流通呈现出区域化生产和全国性消费的趋势特点，要求构建高效顺畅的农产品流通体系。将数字技术和数据要素嵌入农产品流通体系，使农产品生产者和消费者直接对接，提高供需双方的信息获取能力，改善传统交易模式下市场信息滞后情况。实行"互联网+"的交易模式，实现从田间地头到餐桌的直通，显著减少农产品流通环节，节约传统多层分销模式下的摊位、仓储和销售费用，降低农产品流通成本。同时，农产品电子商务的运用，可拓宽销售地理半径和消费群体范围，形成促进农产品流通效率提升的合力。

三　加快农业数字化转型

数字经济时代，数字技术与数据信息作用于农业生产各环节，对自然物和原材料等进行加工和改造，弱化自然资源对农业生产活动的有限性约束，催生一系列新业态新模式，促进劳动对象形态、种类和数量的深度拓展和广度延伸。要加快农业数字化转型，释放数据要素协同创新效应，促进劳动对象及其组合的跃升，促进农业数字化转型，加快形成农业新质生产力。

（一）优化农业科技创新和推广应用

以大数据、云计算、区块链等新兴技术为代表的数字技术嵌入农业生产环节，将为农业科技研发提供海量基础数据支撑，为实现农业科技创新奠定基础。推动数字农业科技创新平台建设，汇集农业技术资源，通过平台项目合作，强化不同地区、不同领域和不同主体的科技协同创新，解决农业生产中的共性难题。同时，打破时空限制，打通农技推广的"最后一公里"，为农民提供更加便捷、高效的农业科技信息获取渠道，加快农业技术成果转化和应用，实现农产品科技含量和附加值的提升。

（二）深化数字技术与农业的融合发展，促进传统农业劳动对象跃升

农业劳动对象主要包括土地和农作物。传统农业模式下，生产活动基本是运用生产工具直接作用于土地和农作物，容易受自然资源稀缺性的限制。通过数字技术嵌入生产经营各环节，依托智能装备开展精准生产，依托网络平台开展数字营销，依托大数据平台开展农产品溯源，催生非物质化、数字化和动态化的新型劳动对象，实现农业生产空间的拓展和技术边界。要加快推动数字技术、产品和服务向农业产业链各环节的渗透，不断拓展数字技术应用场景，实现对土壤、农作物的实时监测和智能化改造，提高土壤肥力，获得更高品质的新品

种，逐步突破自然资源对农业生产活动的限制，不断丰富劳动对象的内涵，并最终实现劳动生产率的显著提升。

（三）强化数据与其他生产要素的协同联动，促进劳动对象优化组合跃升

数据要素在农业领域的多场景应用，能够充分发挥其乘数效应，实现与传统生产要素的协同发展，催生数字化、高效化、绿色化的新型劳动对象。我国农业生产经营的主要形态是小农户家庭经营，生产经营分布较为分散，对协同数据要素的市场需求较大。要不断完善农业领域各环节数据要素市场，健全数据开放和分享机制，推动数据要素与土地、资本和劳动力等生产要素的协同、引流和释放作用的发挥，引导优质生产要素向新质生产力发展方向集聚，提高生产要素的组合协同效率，推动数字经济与农业存量业态的跨界融合与变革，适应消费升级新趋势，催生农业新业态、新模式，加快发展云农场、共享农业、智慧农业等"互联网+"新业态，实现农业劳动对象与生产要素优化组合的跃升。

第四节　以改革创新为动力，完善城乡资金流动机制

城乡资金双向流动是指资本在城市与农村之间顺畅流动和良性互促，既包括城市资本流向乡村产业，也包含农村资产在资本化后的价值反哺。这样的良性互动突破了传统单向流动模式的局限性，强调通过要素市场化改革构建平等交换机制，并引导城市资本在乡村寻找新增值空间。这种流动通过土地经营权抵押贷款、供应链金融等创新工具，有效缓解了农村地区长期存在的金融抑制现象，盘活农村资产，为农业农村现代化提供资金支持，也为城市资本和产业转移提供空间载体。同时，通过资金流动带动技术、管理、人才等现代要素下沉，强化农业农村现代化的人才、技术支撑。城乡资金双向流动倒逼农村

产权制度改革深化，建立"普惠制"的农村金融体系，不断提高金融服务水平，完善服务项目，扩展服务范围，解决农业和农村经济发展中面临的资金瓶颈，尽量满足农村多样化和日益增长的金融需求。

我国资金城乡流动发展历程呈现显著的阶段性特征，其演进轨迹与制度变革及政策导向深度耦合。在新中国成立初期，中央政府就迅速启动以发展农村信用社为标志的农村金融制度建设。通过统购统销制度与工农产品价格"剪刀"，农村剩余价值持续向城市工业部门转移。1979年3月，国务院正式恢复了中国农业银行，并从中国人民银行中分离出来，专门从事农村金融服务。市场化改革释放农村经济活力，但金融资本仍呈现从农村向城市的净流出特征。自党的十四大确立社会主义市场经济体制后，农村金融制度建设向多层次纵深发展，在组织建设方面初步形成了合作金融、商业金融、政策金融分工协作的农村金融组织体系；在信贷资金配置方面，计划性指令逐步让位给市场调节，使市场在调节农业信贷资金配置上发挥基础性作用；在农村金融服务方面，从"存贷汇"向多元化发展，逐步进行了农村小额贷款、农村小企业贷款、农村银（社）团、农业保险等方面的探索；农村金融基础服务体系和监管体系建设也取得了突破性进展，城乡资金流动从政策导向转向城乡协调发展，资金流动初现双向互动特征。

一 积极优化财政支农政策

资本是促进农业农村现代化发展的必不可少的要素。农业投资应包括财政投入和金融投入两部分。农业的财政投入是由农业本身的属性和地位所决定的。第一，农业是具有自然和市场双重风险的弱质产业，需要财政投资支持。第二，农业生产往往具有正的外部性，导致农业生产者会按照私人边际成本和私人边际收益的均衡点来生产产品，结果引发市场失灵，对此种市场失灵的校正需要政府财政投入，以弥补农业生产的外部性。第三，农业生产中存在大量的（准）农业公共产品，在市场条件下，由于农业生产者的"搭便车"行为，农业（准）公共产品供给存在低效率或无效率问题。因此，农业公共产品生产需要财政投资的支持。金融资本是农业资本中的重要组成部分。在市场经济中，金融资本作为一种货币资本很容易转化为其他实物资本，因此，金融资本成为现代农业生产经营中方便、灵活而稀缺的资本形态。

坚持农业农村优先发展，公共财政向农业农村倾斜。建立健全农村资源有偿使用制度和生态环境补偿机制，积极推进农村经济结构调整和农业发展方式转变。应充分利用"绿箱"政策和"黄箱"政策，根据新的粮食生产形势适度调整补贴政策，提高补贴政策的指向性、精准性和实效性。探索完善差别化的粮食生产补贴体系，对达到一定规模的种粮主体，采取设立专项基金的方式实行"阶梯式"补贴。以市场需求为导向，调整农机补贴政策。一方面，鼓励引导企业新研发技术设备的应用推广，缩短新型农机具纳入补贴范围的周期，促进创新产品的普及应用。另一方面，从种粮主体的实际需求出发，尊重使用者意愿，赋予地方在确定品目方面的灵活性，根据不同农机产品性能确定不同的补贴比例，让真正有用的产品得到推广。同时充分发挥财政投融资作用，创新财政投入方式和资金使用方式，扩大以奖代补、先建后补等绩效导向型投入模式的应用范围，积极利用贷款贴息、以奖代补、投资参股等方式，最大限度地吸引社会资金，放大财政资金的乘数效应，有效地扩大支农资金总量，以保证农业发展的需要。

二　构建城乡普惠金融服务体系

城乡普惠金融服务体系是推动经济社会均衡发展的重要制度创新，通过打破金融资源城乡配置壁垒，有效缩小城乡居民金融服务可得性差距，为农业农村现代化提供全面的资金支持。现代农村金融体制的形成应是在市场机制发挥基础性作用的基础上发挥政府的宏观调控作用，对于资本的配置政府应在尊重市场规律的前提下弥补市场失灵。对于金融机构而言，农业信贷项目除了面临经营风险和市场风险外，还面临着较大的自然风险，在市场规律作用下，金融服务组织偏离农业成为其"理性"选择。因此要尊重市场规律，不能要求金融机构放弃机会成本去赔本经营，在这种情况下要通过农村金融机构支持"三农"发展，就必须做到政府调控与市场机制有机配合，需要政府通过财政手段来协调农业金融组织支持"三农"和其获得平均利润率之间的关系，发挥好金融和财政的协调作用，让金融组织在承担市场风险和经营风险的同时实现盈利，让国家和地方财政来承担由自然风险带来的金融成本和社会成本。

需建立多层次、广覆盖、可持续的农村金融服务网络，拓宽农业农村融资渠道。充分利用农村产权制度改革成果，鼓励政策性和商业性金融机构，加快农村金融产品和服务方式创新。聚焦种粮大户、家庭农场、农民合作社和粮食经纪人的融资需求和粮食的生产、流通、运输等环节，积极拓宽新型经营主体抵押担保物范围，推动农业供应链金融创新，探索将新型经营主体的应收账款和农副产品的订单、保单、仓单等权利，以及农村土地承包经营权、大型农机具、农业设施等纳入抵押范围，降低种粮主体融资难度和成本。同时，坚持在信贷上简化手续和流程，放活借贷还贷期限，结合粮食作物生产周期调整农民还贷时间，实行错峰还贷，不断提高粮食生产配套的金融服务的质效。同时激发农村合作金融活力，在风险可控前提下发展村级资金互助组织，鼓励在农民专业合作社的基础上，试点发展新型农村合作金融组织，按照"农民入股，由入股社员管理，主要为入股农民服务"的要求，体现合作制的特性。允许从金融机构融入资金，面向社员提供金融服务。试点"合作社内部信用合作＋外部银行授信"的联动模式。随着电子商务在农村的发展，农户和新型经营主体对信贷和第三方支付等金融服务的需求增多，因此要加强第三方支付平台建设，拓展村电商服务站在金融方面的功能，推广和普及手机支付。

三 强化资金城乡流动风险防范

在城乡融合发展进程中，资金要素的双向流动既带来机遇也伴随着风险。2024 年中央一号文件明确提出健全城乡要素流动风险防控体系的要求，确保资金在城乡之间合理顺畅流动，既防范资金无序流动风险，又保障金融资源持续注入农业农村领域。

农村金融机构的信贷项目不仅面临经营风险和市场风险，还要面临农业自然风险，为了让农村金融机构获得平均利润率，就必须通过完善的政策措施来帮助农村金融机构规避风险。农业保险可以提高农业经营主体的收益保障程度，降低风险预期，故完善农业保险制度是农村金融可持续发展的内在要求。

完善资金流动监管体系。建立健全分工明确、协调顺畅、运作有效的农村金融监管体系、风险监测预警体系与合理退出机制。地方政府切实履行属地监管责任，重点加强对小额贷款公司、融资担保机构等地方金融组织的准入审批和日常监测，建立分级分类监管台账。联合公安、市场监管等部门，对非法金融活动开展专项整治，重点打击以合作社名义开展非法集资和高利放贷等行为。推进金融基础设施建设，依托省级大数据平台建立涉农金融机构经营数据直报系统，引入第三方评估机制，通过政府购买服务方式对涉农金融机构开展监督审计，形成政府监管与社会监督的农村金融新生态。

加强对农业保险的政策支持和转移支付。增加保险标的，把可能导致农业生产损失的自然风险、市场风险纳入保险保障范围，将优势特色农产品以及规模化生产设施设备等纳入农业保险品种范围，财政给予适当补贴。积极推动三大粮食作物完全成本保险和收入保险等农业政策性保险试点，多层次多点位分担种粮风险。通过各种财政税收杠杆鼓励商业性保险公司开展农业保险项目，发展农业保险市场。探索建立互助保险组织，尝试建立政府补贴、农户自缴、保险公司承担保费的"三三制"农业保险模式。推动保险功能前移，支持防灾设施建设，探索将防灾费用纳入保险责任。通过再保险机制分散大灾风险。

加大农业保险的宣传力度，通过电视、广播、新媒体等渠道进行保险宣传，强化社会对农业保险的认识，让保险成为农业生产经营的"稳压器"，切实保护社会长期经营预期，提高城市资本向农村流动的积极性。

第九章 多样化打造乡村富民产业

乡村富民产业是指以乡村资源禀赋为基础，通过特色产业体系培育，激活乡村生产要素，实现农民增收、城乡融合发展的多元化经济形态，既包括传统种植养殖业，也延伸至农产品加工、乡村旅游等服务业，更包含农业观光、电商物流等融合业态；既保留集体经济的合作优势，也吸纳股份制企业的现代管理模式，同时支持个体经营与混合所有制创新。发展乡村富民产业既是农业现代化的内在要求，也体现了我国经济结构转型的现实需要。乡村富民产业突破了传统农业的要素边界，通过整合自然资源与数字技术等新型生产要素，构建"山水林田湖草沙"等全要素开发利用体系。同时，推动产业形态发生质变，从单一农产品生产转向涵盖食品加工、生态服务、文化体验等多元价值链，形成"种养—加工—服务"的全产业链模式。促进发展理念实现跃升，以"大食物观"引导开发海洋牧场、林下经济等新型食物供给系统，以"大农业观"推动一二三产业融合发展。其本质是通过优化生产要素组合、产业结构和价值理念，构建适应新时代要求的乡村经济生态系统。

乡村富民产业的政策提出体现了国家乡村振兴战略的深化演进。2017年党的十九大提出乡村振兴战略，明确农业农村优先发展方向，将"产业兴旺"作为五大总要求之一，为富民产业政策出台奠定了基础。2018年中央一号文件系统部署乡村振兴路径，形成"产业融

合—生态宜居—治理有效"的协同发展框架。《乡村振兴战略规划
（2018—2022 年）》确立了城乡要素双向流动机制，提出延长农业产
业链、发展新业态等具体路径，为富民产业注入政策动能。2020 年
的中央一号文件为弥补乡村发展短板、加快农民脱贫致富步伐，明确
提出要发展富民乡村产业。2024 年中央农村工作会议提出要积极发
展乡村富民产业，提高农业综合效益，壮大县域经济，拓宽农民增收
渠道。党的二十届三中全会将"壮大县域富民产业"纳入全面深化
改革总体布局。

依托乡村特色资源优势禀赋发展乡村富民产业，对推动农业农村
现代化、实现共同富裕具有重要意义。通过培育和发展新质生产力，
延伸产业链，为农民提供本地化就业机会，提高农产品附加值和增加
农民收入水平。通过培育新型农业经营主体和吸引人才返乡创业，激
活乡村发展活力。通过富民产业带动基础设施建设和公共服务提升，
促进城乡基础设施共享与公共服务均等化。发展绿色化、品牌化产
业，有助于保护乡土资源与农耕文明，实现生态价值转化。

第一节　坚持因地制宜，夯实乡村富民产业生产基础

乡村富民产业作为农业农村现代化的重要支撑，其本质特征主要
体现在以下四个方面：在目标取向上突出"富民"，这是产业发展的
出发点和落脚点，要求产业价值链必须与农民利益深度绑定，通过建
立合理的利益分配机制，确保农民能够实质性分享产业增值收益；强
调"乡村"作为产业发展的主要空间载体，产业必须深度嵌入乡村
肌理，依托本地自然资源和人文禀赋发展特色业态；在发展中体现农
民的主体性，在特色产业发展过程中必须坚持充分激发农民的能动性
和积极性，参与产业链各环节；在功能拓展上注重"多功能性"，现
代乡村产业已超越单一经济功能，正在形成生产、生态、生活的复合

价值体系和多重收益。

乡村富民产业有显著的地域和主体特征，因此要坚持因地制宜，明确产业发展方向，不断夯实产业基础。2022 年 12 月习近平总书记在中央农村工作会议上的讲话中指出，产业振兴是乡村振兴的重中之重，要坚持精准发力，立足特色资源，关注市场需求，发展优势产业，促进一二三产业融合发展，更多更好惠及农村农民。要依据地区资源特色，深度挖掘本土资源禀赋，精准定位特色产业。推动加工环节转型升级，延伸产业链提升附加值。随着我国城乡居民消费水平的提高和消费结构的升级，农业与现代信息技术加速融合与创新，农业农村资源要素组合方式不断变化，催生新产业、新业态和新的经营模式，成为农业增效和农民增收的有效途径。要遵循产业链延伸、产业融合与农业功能拓展的创新路径和生成机理，促进现代生产技术、管理模式与传统农业要素的深度融合与创新，通过要素聚合、叠加衍生和交互作用生成新的经济形态，将功能农业打造为乡村特色产业的重要业态，实现可持续、立体化的产业延伸与产业变现。

一　"龙头引领"做强优势产业

农业产业化龙头企业是引领带动农业农村现代化的生力军，是打造农业全产业链、构建现代乡村产业体系的中坚力量，是带动农民就业增收的重要主体。龙头企业一般都是经营规模较大、带动能力强的农业企业，通过整合资本、技术、人才等核心资源，示范引导周边农户形成"企业+合作社+农户"的产业化联合体，实现专业化种植、标准化管理、规模化经营和集约化发展，实现小农户与现代农业的有机衔接。龙头企业是农业转型升级、构建农业全产业链的主导者，通过纵向延伸产业链、横向拓展产业功能，推动传统农业向现代化、集约化方向转型。龙头企业是科技创新的践行者，推动新品种、新技术、新装备的推广应用，加速农业现代化进程。龙头企业有力带动农民增收，通过订单农业、股份合作等方式，让农民更多地分享农业产业链上各环节的增值收益，是推动农业农村现代化、实现共同富裕的重要力量。

重点培育龙头企业的核心竞争力。农业产业化龙头企业需通过系统性能力建设全面提升核心竞争力。在产业融合方面，充分发挥资源整合优势，依托区域特色农业资源，重点布局农产品精深加工与创新食品研发，推动农业与食品加工、文化旅游、教育体验等产业深度融合，形成产业链条完整、业态丰富、融合度高的现代农业发展格局。通过推广生态种植、清洁生产等绿色技术实现全产业链低碳转型，建立龙头企业和新型经营主体更加紧密的联农带农机制，创新订单农业、股份合作等利益联结模式，促进产业化经营健康、有序、快速发展。鼓励优势企业进一步整合资源，以资本为纽带，采取重组、联合、并购等多种形式做大做强，培育一批具有较大影响力、跨行业、跨产业、跨地区的大型龙头企业。

在科技创新方面加大对龙头企业的支持力度，使龙头企业在技术创新方面有较大的突破，逐步建立龙头企业的科技创新和知识产权保护机制，创建多元化的龙头企业的科研投融资体系。同时，应组织有关专家对制约农业产业化发展的重大关键技术进行筛选，组织有关科研单位进行联合攻关，或者引进国外技术，破解农业产业化发展过程中的技术瓶颈。重点是提高农产品加工技术水平和装备水平，切实转变加工方式，加快实现初级加工向精深加工转变，由传统加工工艺向现代高新技术转变，提高加工农产品的质量档次和附加值。突出抓好农产品精深加工，大力发展科技含量高、加工程度深、产业链条长、增值水平高、出口能力强、符合综合利用和循环经济要求的农产品加工。支持大型农产品加工企业建立技术研发中心，增强企业自主研发能力。

二　"全链条打造"做强特色产业

农业全产业链发展模式是通过系统整合农业生产、加工、流通、服务等全流程环节，形成产业链上下游协同联动和资源高效配置的现代农业组织形态。纵向延伸，强调打破传统农业生产边界，构建包含育种、生产、加工、储运和销售的完整产业闭环，横向融合，注重农业与文旅、教育、健康等产业的交叉创新，培育田园综合体、数字农业等新业态，激活乡村多元价值，形成多主体协作、多要素集聚、多功能拓展的现代化农业产业体系，实现从田间到餐桌的全流程增值。农业全产业链发展能够有效提升产业效益，通过贯通生产、加工、流通全流程，减少中间损耗，提高农产品附加值。完善的产业链能有效应对市场波动和突发事件，提高产业抗风险能力。农业全产业链发展还能积极促进融合发展，推动农业与旅游、文化等产业交叉创新，拓展农业多功能性。通过优化资源配置、强化主体协作，最终实现农业提质增效、农民持续增收和乡村可持续发展，成为推动农业农村现代化的重要支撑。

农业产业链纵向整合的核心在于通过系统化布局打通从生产到消费的全环节通道。在延链增值方面，重点培育具有带动效应的龙头企业，支持其在产地建设现代化初加工基地，推动初级农产品向预制菜、功能性食品等高附加值领域转化。在补链强基环节，需重点突破冷链物流和仓储设施等"卡脖子"领域，系统化推进现代化农产品流通网络化布局与设施升级，一是打造覆盖全国的农产品流通主干通道，形成高效衔接的物流网络；二是健全以产地为核心的市场体系，建设标准化交易平台和服务节点；三是强化冷链物流基础设施，在优势产区布局集配中心，并针对县域特色农产品需求配套建设田头预冷、移动冷库等保鲜设施，不断提升农产品流通效率，降低产后损耗，促进农民增收。在加强农业产业链各环节关联性方面，充分利用数字技术贯通全链信息流，建立覆盖生产端的物联网监测系统和流通端的区块链溯源平台，指导农户调整种植结构与加工企业优化产能配置，加强农业产业链各环节的关联性，形成纵向延伸与横向融合相结合的产业生态体系。

把农业园区作为促进农业全产业链发展的重要载体。持续开展国家、省、市、县级现代农业产业园"四级联创"，整合城乡优质资源，推动生产要素跨界配置和融合，发挥产业集聚效应，激发多元主体互利合作的活力与创造力，推动农业生产和经营体系转型升级。

三 "功能拓展"做强新兴业态

随着我国城乡居民消费水平的提高和消费结构的升级，农业与现代信息技术加速融合与创新，农业农村资源要素的组合方式不断发生变化，催生新产业、新业态和新的经营模式，成为农业增效和农民增收的有效途径。产业创新和业态创新已经成为发展乡村特色产业、推进农业供给侧结构性改革的重要内容。要遵循产业链延伸、产业融合与农业功能拓展的创新路径和生成机理，促进现代生产技术、管理模式与传统农业要素的深度融合与创新，通过要素聚合、叠加衍生和交互作用生成新的经济形态，实现可持续、立体化的产业延伸与产业变现。

（一）着力发展农产品电商

加快推动农产品生产加工标准化。要实现网上交易、获得网络消费者的认可，就需要有力的产业支撑。农产品标准化、网货化和品牌化是顺利进入上行通道，实现大规模网上销售，并不断开拓市场的重要前提。随着生活水平的提高，消费者更加注重农产品的品质，对农产品的标准化、品牌化和安全等方面的要求逐渐提高。因此，要遵循市场经济规律，因地制宜，顺应电商要求，推动特色农产品生产的规模化、标准化和品牌化，利用数字化、物联网技术赋能功能农业，提高产业的自动化、智能化水平，特别是加快数字化技术与农机农艺融合，提高功能农业生产环节的数字化水平，提高农产品附加值，推动传统产业的转型升级，为农产品电商发展提供产业支撑。

持续完善农产品供应链体系。生鲜农产品的自然属性决定其在存储和运输中具有易腐易损的特点，完善农产品供应链体系是强化直播助农增收、减支、赋能作用发挥的重要保障。一是持续完善农村三级物流网络。继续完善农村公路、网络通信和电力等基础设施，不断提高农村道路通达率和农村物流服务能力。加强交通、商务、邮政、供销、农业农村等相关部门现有农产品物流网点的资源共享共建，推进农村综合服务中心、电商服务站点、村级供销社、益农信息社、乡镇运输服务站等基层网点的合作运营，提高农村尤其是偏远地区综合服务站、自提点和智能快递柜的分布密度。二是不断完善全程冷链物流体系。创新政府与企业、企业与企业之间冷链物流的共建共享机制，推进主要农产品主产地全流程冷链物流网络体系建设，建设适度规模的预冷、质检、分级、包装、贮藏保鲜设施，加强产地移动型、共享型商品化处理设施建设，提高农产品商品化处理和错峰销售能力。三是提高供应链末端惠民服务能力。2019年财政部、商务部决定开展农商互联工作，完善农产品供应链，对确定支持的省（区、市）给予支持。要充分利用优惠政策，支持农产品流通企业或新型农业经营主体应用新模式、新技术，建设或改造菜市场、农贸市场和社区菜店等传统零售市场，发展联合采购、统仓统配等模式，完善末端销售网络，降低流通成本，推动农商互联互动，提高农产品电商供给能力。

规范农产品电商。明确农产品电商行业规范，依法惩处虚构产地、夸大功效等行为，杜绝短视频造假、直播卖惨等"假助农、真摆拍"欺诈行为，保障消费者权益和农产品质量，推动直播助农从"流量收割"转向"品质驱动"，提升农产品电商可持续发展能力，实现农民增收、产业升级与消费信任的多维共赢。

（二）创新发展农业文旅产业

结合地区经济、生态、服务等集成性功能优势，拓展扩散农业关联关系，挖掘功能农业食品保障、生态涵养、休闲体验、文化传承等多种功能，促进其与文化产业、旅游业、信息产业等的跨界融合与产销融合，培育发展农事体验、亲子研学、健康养生等业态。

依托特色农业文化资源、传统文化习俗和优美乡村景观，推动配套基础设施建设向农村推进，重点强化农业生产与科普研学、休闲观光、健康疗养等领域的融合发展，努力打造个性化特征鲜明的民俗村、主题公园、研学基地、田园综合体等项目，创新融合应用场景，以嵌入式理念加快推进农耕文化展示进景区、进街区、进商业中心、进乡村振兴重点村，带动农村住宿业、餐饮业等配套产业发展。

促进农业文化开发数字化。拓展应用场景，依托人工智能、数字扫描、物理渲染、孪生技术、虚拟现实、元宇宙等科技手段和智能媒介，将农业文化进行数字内容设计、开发与创作，打造数字交互艺术体验作品，以触摸屏、沉浸式投影空间、VR 沉浸式交互体验项目为技术手段，打造云展馆、码上看非遗、VR 体验馆、非遗影像馆、3D 影院等体验项目，全方位展现农耕文化的起源、发展、变革与传承等。

拓宽农业文化传播渠道。鼓励开展特色农业文化直播。充分利用抖音、快手、微信和小红书等平台，创新传统农耕文化的时代表达形式，强化农业文化与现代生活场景的链接，实现跨地域、大面积传播，继而借助直播带货、橱窗商品销售等方式变现，打通农业文化内容"生产—变现—再生产"的正向增强回路。精心设计特色农耕农趣体验活动。鼓励各地依托农业文化，精准对焦群众需求，在茶马古道、传统村落、农业遗产核心区，围绕二十四节气、农民丰收节等农耕农事重点节点，常态化举办多站式、体验式特色农耕赛事活动，持续为农业文化"引流"。

开发以农业文化为主题的文创产品。采取合作授权、独立开发、购买服务等方式，在考虑产品文化品位的同时兼顾实用价值，支持文创产品、旅游商品创意研发，组织开发农业文化遗产文创、动漫、互动视频、IP 形象等周边产品，做强产品设计、制造、营销、代理服务、品牌建设全产业链，推出一批具有农业文化符号的文化文物、家居日用品、工艺收藏品、动漫游戏衍生品等文创产品和数字产品。

（三）大力发展功能农业

功能农业是指在天然富含有益成分的土壤、生境中生长或通过生物营养强化技术及其他生物技术培育，实现农副产品中一种或多种有益健康成分的标准化生产实践。作为乡村特色产业的重要业态，是继高产农业、绿色农业、有机农业之后的农业新兴领域，发展生态高值功能农业是乡村特色产业赋能乡村全面振兴的有力抓手。顺应消费升级趋势，依托地方优势资源，开发具有保健功能的农副产品，打造特色鲜明、附加值高的功能农业，是促进特色种养业转型升级、培育壮大新产业新业态、提升我国农业国际竞争力的可行路径。

根据市场需求，利用现代信息技术、现代物流与现代商业模式等技术与管理手段，优化农产品从田间到餐桌的产业链管理，实现农业生产的产前、产中、产后一体化运作，产供销、农工商协同发展，实现功能农业产业链整合与价值链提升。一要打造功能农业精深加工产业链。重点支持功能农业企业加强农业产业内部融合与生产模式创新，将种植业与养殖业、加工业有机结合，开发营养均衡、养生保健、药食同源的加工食品和质优价廉、物美实用的非食用加工产品，提升农产品加工转化增值空间，构建功能农产品生产、加工和销售的全产业链，充分挖掘功能农产品价值。二要运用现代经营方式。创新发展农商直供、预制菜肴、餐饮外卖、冷链配送、自营门店、商超专柜、团餐服务、在线销售、场景销售等业态，开发推广"原料基地+中央厨房+物流配送""生产基地+中央厨房+餐饮门店"等产销模式，把产业链条向消费终端延伸，实现从产地到超市、从田间到餐桌的"一站式"服务。三要创新功能食品销售模式。数实结合，加快建设线上线下相融合的对接平台，发展电子商务、直销配送、众筹认购、体验营销等，实现生产、经营、消费无缝对接，促进功能农业向数字化、信息化转型升级。

第二节　坚持创新驱动，完善乡村富民产业经营体系

农业经营体系指由农业经营主体结构、分工体系、要素配置机制、规模经营模式及政策支持等构成的系统性制度安排，旨在协调农业生产力与生产关系。现代农业经营体系是推进农业现代化的重要环节，要完善乡村富民产业经营体系，在主体结构上，大力培育家庭农场、合作社等新型经营主体与专业化服务组织；在经营方式上，通过土地托管、股份合作等模式实现适度规模经营，推动生产要素从分散低效向集约高效转变；在运行机制上，建立政府引导、市场驱动、科技赋能的协同体系，促进小农户与现代农业有机衔接。本质上是通过制度设计与实践创新，构建集约化生产、组织化协作、社会化服务、市场化运营的农业生产经营体系，实现农业生产效率提升与农民利益保障的动态平衡。

我国农业经营体系的演进呈现出显著的阶段性特征。改革开放以来，家庭联产承包责任制的推行重构了"统分结合"的双层经营体制，回归了我国千年以来农户作为农业微观生产经营单位的主体性，极大地释放了农业生产力。从1985年开始，政策重点转向农产品流通体制改革，取消统购统销并建立市场体系，同时乡镇企业崛起从而推动农村产业结构多元化。1993~2012年，我国农业经营体系经历了从结构调整到城乡统筹的深化。党的十八大以来，构建现代农业经营体系成为重要任务，2013年中央农村工作会议提出"现代农业经营

体系"以来，一系列重大部署接连推出，强调家庭经营基础地位与社会化服务支撑。2023 年进一步明确"小农户衔接现代农业"的发展路径，通过新型主体培育、土地三权分置等制度创新推动规模经营与社会化服务协同发展。政策的不断变迁使我国农业经营体系的发展目标和实施路径已全面明晰，其核心在于通过制度创新与结构优化，巩固小农户基础地位、强化新型主体引领作用、完善社会化服务网络，激活土地、资本、技术等要素活力，系统破解农业生产效率与可持续发展难题。通过经营方式的现代化改造，为农业农村现代化和乡村振兴提供有力支撑。

一　培育壮大新型经营主体

新型农业经营主体是指在完善家庭联产承包责任制度的基础上，有文化、懂技术、会经营的职业农民和具有大规模经营、较高集约化程度和市场竞争力的农业经营组织，主要包括专业大户、家庭农场、农民专业合作社、农业龙头企业以及其他经营性农业社会化服务组织，与普通农户相比，新型经营主体在规模化经营、标准化生产、示范带动等方面具有显著的优势。新型经营主体依托农产品精深加工、智慧农业应用和农旅融合等创新实践，推动农业从单一生产功能向生态、文化、服务等多元价值拓展。通过土地规模流转、生产要素集聚开展集约化生产经营，有助于破解传统小农生产的低效困境，带动农户分享更多产业增值。同时，新型经营主体还能通过统购统销、技术托管等向小农户提供市场化服务，优化小农户与大市场的对接衔接，兼具经济效率与社会效益，为农业现代化提供可持续的内生动力。

积极引导农业新型经营主体规范化运行。一是要完善制度体系。结合不同经营主体，实施差异化规范指导，制定财务会计核算标准，开发覆盖全生命周期的数字化管理平台，规范成员账户、盈余分配等核心制度，建立动态分级评价机制，推动新型经营主体规范化运行。

二是要优化监管机制。建立多部门联动的监管体系，整合市场监管、农业农村等部门数据资源，定期核查协议履行和分红落实情况，对规范经营的优质主体给予项目优先支持，提高农业新型经营主体的积极性。三是要加强理念宣导。以合作社负责人和家庭农场主为重点，开展常态化培训，宣导合规经营理念，提升经营主体的契约精神、市场规则认知和法律风险防范能力，加强新型经营主体规范化运行的组织保障。

着力提高农业新型经营主体自身发展能力。一是要顺应农业发展规律和市场需求升级趋势延伸产业链。以农民合作组织为依托，通过实施重点产业示范项目，在对主导产业进行优质化、专业化、品牌化经营的同时，通过"产业示范项目+农民合作组织"的模式引导农民合作组织提高生产能力、组织经营管理能力、抗风险能力和示范效应，通过技术培训、农机作业、农资供应等社会化服务方式，帮助农户实现标准化生产。二是要探索实践新型合作方式。探索实践由一家龙头企业牵头、多个农民合作社和家庭农场参与的农业产业化联合体模式，引导新型农业经营主体之间、与小农户之间形成更具稳定性、约束力和竞争力的经营联合体。三是要探索实践新型经营方式。结合农村产业发展要求和产业融合程度加深的实际，通过技术创新、要素渗透、模式重构等方式促进融合发展。探索尝试龙头企业和村集体直接对接、村集体办公司等联结模式，做大做强村级集体经济。

完善农业新型经营主体发展的制度保障体系。一方面，通过法律赋权明确新型经营主体地位。当前亟须通过专项立法确立家庭农场的独立法人资格，统一农业农村部门与市场监管部门的认定标准，确保其平等享受税收优惠、财政补贴等支持政策。另一方面，通过政策赋能破解发展瓶颈。资金是新型经营主体能否健康发展的关键性因素。设立相应的信贷优惠政策，依托中国农业银行或农村信用合作社为符合条件的农民合作组织提供免息或低息贷款，帮助新型农民合作组织筹集原始资金，还可在财政支出中设立专项支持资金，凡是符合条件的农合组织都可以申请，但一定要加强专项资金监管，防止专项资金挪为他用。此外，农机购置补贴、良种补贴等政策重点向农民专业合作组织倾斜，加大补贴力度，引导农民走合作化道路。

二　健全社会化服务体系

农业社会化服务是推动小农户融入现代农业的关键，通过整合技术、金融和市场资源，有效破解"大国小农"的发展困境。构建科学、合理、高效的现代农业支撑体系，对于促进农业发展、推进农业现代化具有重要意义。建立健全农业社会化服务支撑体系，完善的农业社会化服务组织。农业社会化服务组织是指为农业生产的各个环节提供服务的各类组织机构。农业社会化服务组织外延十分宽泛，包括物资供应、生产服务、技术服务、信息服务、金融服务、保险服务，以及农产品的运输、加工、贮藏、销售等各种组织机构。我国农业社会化服务组织蓬勃发展的主要原因有：一是农业自身发展的需要；二是不断深化的市场化改革，为农业社会化服务组织的建设创造了良好的制度环境。现代农业的发展，需要有效地组织与引导，需要协调好与其他产业部门的关系。其社会化程度越高，这种需求也就越迫切。这些工作不能仅靠政府部门，必须要求其他多种农业社会组织提供较高层次、较大范围的服务，以适应农业现代化的发展趋势。

培育多层次社会服务组织。农业与其他产业存在资源竞争关系，市场机制是调节这种资源竞争关系的基本手段。但农业的弱质性决定其在社会资源的竞争性配置和收入的竞争性分配中处于劣势地位，需要农业社会化服务组织从农业外部，对农业产业给予支持，使农业能够公平地获取发展所需资源。以农民专业合作社和农业龙头企业为重点，依托大专院校和科研院所，构建覆盖农业生产全链条的服务网络。通过政策倾斜、技术培训和金融支持等手段，支持本地农业服务大户和服务型合作社转型升级，培育本土化服务队伍。同时积极引入工商资本提升服务专业化水平，构建起主体多元、功能互补、运行高效的农业社会化服务体系。通过组织的力量减小市场波动对农业的不利影响，有效促进资源向农业的合理流动，增加农民收入。

提高社会服务质效。农业社会化服务组织，提高了农业组织度，反映了农业产业链条上各环节的生产组织形式及相互关系的制度安排。这些组织为农民提供技术推广、资金融通、生产资料供应、产品加工销售等产前、产中和产后的各项服务。随着农业生产水平不断提高，农村的社会分工越来越细，专业程度越来越高，从而对农业社会化服务提出新的要求，农业社会化服务覆盖面日益扩大。要针对小农户生产经营中的痛点难点，在保障粮食安全等基础性公益服务的同时，发展专业化市场服务。推动家庭农场、专业大户等新型经营主体拓展服务功能，重点推广"土地托管+全程服务"的规模化经营方式。培育产业化联合体，形成生产经营主体协调一致的动力机制，有效提升农业社会化服务的精准度和可持续性，为推进农业现代化提供有力支撑。

三 加快农业品牌建设

农业品牌是农业农村现代化的重要标志，培育发展农业品牌是全面推进乡村振兴、加快建设农业强国的重要抓手。2014 年 5 月，习近平总书记在河南考察时作出"推动中国制造向中国创造转变、中国速度向中国质量转变、中国产品向中国品牌转变"的重要指示。[①]

（一）强化支持"树"品牌

一是按照"一个优势区域、一个公用品牌、一套标准体系"的

---

① 《加快推进品牌强国建设》，《人民日报》2024 年 12 月 30 日。

产业发展思路，将品牌培育与粮食生产功能区、重要农产品保护区、特色农产品优势区以及国家级省级现代农业产业园、示范园建设等相结合，支持有强烈愿望、有实际需求、具备条件的产业联盟、行业协会商会和企业等共建区域品牌，打造农产品区域公用品牌。二是梯次培育企业品牌和产品品牌。以项目带动、政策推动、标准引领、多方协同、典型促动为抓手，建立健全精品农业品牌培育推进机制。分品类分梯次分年度培育一批产业优势领先、市场空间潜力大、文化底蕴深厚的农业品牌。鼓励和引导龙头企业、农民合作社、家庭农场等新型经营主体，合理定位创建农产品品牌，开展商标注册和安全认证。三是积极推动区域公用品牌、企业品牌、产品品牌实现良性互动。全面梳理知名农业品牌和获得绿色食品、有机农产品、农产品地理标志、名特优新农产品认证的农产品，构建区域公用品牌+地方优势特色农业品牌"1+N"品牌体系，按照"政府主导、社会参与、团队参股"原则，成立企业法人式市场经营主体，鼓励、吸纳区域内农产品生产企业、生产基地、农户、涉农机构加入区域公共品牌，共同分享品牌溢价。

（二）科技创新"强"品牌

一是以科技攻关推进品种培优。持续开展农业种质资源普查，加强种质资源保护和利用。加快农业关键核心技术攻关，打造产学研深度融合平台，培育一批专业化、创新型"育繁推一体化"育种企业，加强农作物和畜禽良种联合攻关，全面提升品牌核心竞争力。二是以标准化应用推进品质提升。围绕重点培育的区域公用品牌和企业产品品牌，推行产地环境、生产过程、产品质量、包装标识等全流程质量控制，推进农产品质量安全检测能力、监管能力、执法能力、示范能力"四大提升"和追溯、合格证"双覆盖"，以高质量供给筑牢品牌根基。三是以业态、模式创新推进品牌价值增长。以地理标志、产业品牌为支撑，"吃住游娱购学"需求为导向，支持鼓励品牌主体有效运用物联网、云计算、大数据、移动互联等信息技术和智能装备、数字传感等工程技术，综合开发利用农业农村文化传承、生态涵养、健康养生、观光体验等多种功能，打造定制、创意、会展、认养等农业新业态，不断拓展产业链、丰富产品线。

（三）营销创新"亮"品牌

坚持线上线下一体化。瞄准主销地区，线上线下同步发力，建立品牌农产品传播矩阵，以品牌营销推进溢价增值。聚焦重点培育品牌，打造农业品牌和新农人双IP，持续输出优质品牌、传播品牌故事。打造农业品牌公益服务平台，发布品牌消费索引，通过网络购物节、平台促销活动、云展会等，培育消费热点。积极举办区域公用品牌战略发布会、产业发展大会、专业展会和城市推介会，创新营销场景，打造与农产品区域品牌文化底蕴强相关的沉浸式、体验式、互动式营销场景，高效完成渠道和终端的消费宣导。

（四）体制机制创新"护"品牌

加快制定和完善农产品品牌权益保护规章制度，建立完善企业自我保护、政府依法监管、市场监督和司法维权保障"四位一体"的品牌保护和危机处理体系。一是探索建立产品质量、品牌信誉失信联合惩戒机制。健全陕西农业品牌数据库，完善市场防控体系，改进防伪技术，防止商标恶意抢注和侵权行为，严厉打击侵害农产品公用品牌权益的行为。二是建立农业品牌预警应急机制。对可能发生的涉及面广且影响大的商标抢注、农产品质量安全问题、知识产权纠纷等突发事件制订应急预案，研究制定相关应急处置规范，健全快速反应处置联动机制。三是强化快速反应的条件保障。加强农业品牌应急防范专业化队伍建设，尽快建立起信息畅通的应急处置网络，确保能够快速反应和有效应对农业品牌突发事件。

（五）创新品牌融资模式

积极发挥财政资金的推动作用，鼓励各金融机构加大对农业品牌建设的信贷投入，满足区域农业品牌建设的合理资金需求。一是有条件的地方设立财政专项资金。加大对区域公用品牌的支持力度，对创建优势农业品牌的经营主体给予重点倾斜，发挥财政资金引导作用，撬动社会资本参与品牌建设。二是推动金融产品创新。各级政策性投资担保机构加大对龙头企业、合作社品牌建设的支持力度，综合考虑知识产权质押融资的评估难、风控难、处置难等"堵点"，向农业企业提供以农产品品牌为基础的商标权、专利权等质押贷款。三是谋划组建股权投资基金。积极寻求与投资机构、社会资本合作的机会，以同股同权的形式组建区域公共品牌农业产业基金，不断强化农产品品牌建设的资金支持。

第三节　坚持联农带农，优化乡村富民产业利益联结机制

乡村富民产业的核心目标是通过深化农村经济结构调整和产业融合，显著提升农民收入水平，逐步缩小城乡收入差距。要推动乡村富民产业发展，就要在稳定家庭承包经营、农民主体地位和首创精神的基础上，面向现实需要，同类农产品或农业生产经营服务的生产经营者在自愿民主的原则下，在农业生产经营过程中发展多种形式适度规模经营，大力培育和发展新型经营主体。促进农民共享农业发展成果，因地制宜、因人而异地构建利益联结机制，激发农民参与农业现代化的内生动力，实现多方共赢，提高农民的获得感。

联农带农机制是乡村振兴中实现农民增收的核心纽带，其本质是通过订单合作、股份联结、服务托管等创新产业组织形式，将小农户与新型农业经营主体紧密联系在一起，把分散农户整合进现代农业体系，实现利益共享和风险共担。联农带农机制通过订单农业让农户获得稳定的经营性收入，以土地入股获取财产性收入，并在产业链延伸

中创造就业机会。同时推动农业规模化、科技化和品牌化发展，既保障了家庭经营的基础性，又有效破解了小农户与大市场的对接难题，是推动农业农村现代化与共同富裕的重要制度创新。

围绕完善新型经营主体联农带农机制，中央出台了系列文件，明确了方向和路径。2018年中央一号文件提出，通过保底分红、股份合作等形式让农民分享全产业链增值收益。2019年进一步细化"农户+合作社""农户+公司"利益联结模式，同年中办、国办发布的《关于促进小农户和现代农业发展有机衔接的意见》明确要求新型经营主体带动小农户发展。2020年提出培育农业产业化联合体，通过订单农业、托管服务等多元化方式强化产业链融合。2024年中央一号文件强调建设"带得久、带得稳、带得实"机制，将新型经营主体支持政策与带动成效挂钩。2025年中央一号文件强调，完善联农带农机制。健全新型农业经营主体支持政策同带动农户增收挂钩机制，将联农带农作为政策倾斜的重要依据。引导企业、农民合作社、家庭农场与农户等紧密联合与合作，通过保底分红、入股参股、服务带动等方式，让农民更多地分享产业增值收益。新发展阶段，完善联农带农机制，既要注重提升带动主体的经营能力，又要确保农民获得实实在在的收益，为乡村振兴战略实施和共同富裕目标实现提供坚实的制度支撑。

一 优化产业利益联结模式

（一）创新联农带农机制

深化农村改革实践，促进土地、技术、资金等生产要素的市场化配置，推动资源向经营性资产转化，构建覆盖生产、加工、流通的全产业链增值体系，优化各环节利益分配机制。一是要通过政策引导和市场机制，鼓励新型农业经营主体与小农户形成稳定的利益联结，实现资源互补、风险共担。鼓励其组建产业化联合体或综合经营体。通过构建"生产+供销+信用"的立体化合作框架，实现生产要素的高效配置与全链条协同。在具体实施过程中，可采取渐进式改革路径：一方面深化现有主体的业务融合，强化生产协作、渠道共享和金融互助；另一方面审慎推动组织优化，通过市场化兼并重组提升规模效益，最终形成分工明确、优势互补、风险共担的现代农业经营体系，使小农户成为现代农业发展的参与者和受益者，分享产业发展红利和产业链增值收益。二是要充分挖掘农业在文化体验、健康养老、科普教育、观光旅游和生态涵养方面的功能和价值，探索订单农业、数字农业、农业众筹等新业态，促进产业深度融合，实现农业价值增加，通过订单农业、股利分红、优先雇佣和利润返还等多种形式，使农户能切实地分享到农业发展的增值和红利。三是要建立健全激励机制，通过财政补贴、税收优惠、金融支持等多种方式，调动新型农业经营主体带动小农户的积极性。

（二）提高利益联结机制的稳定性

稳定的利益分配机制能保障小农户持续获得产业链增值收益，长期契约关系能促进技术的推广和应用，并成为乡村治理的新基础。完善联农带农机制的前提是有效整合分散的小农户资源，合作社是强化组织联结的重要纽带，要持续推动合作社规范化建设，形成持久的带动力，不断提升小农户组织化程度。同时，建立双向约束机制，从新型经营主体和农户两个方面规范契约关系，引入第三方担保，设立风险准备金，防止企业随意毁约损害农户利益，提高农民契约意识，也要避免农户因市场波动而单方面违约，提高利益联结机制的稳定性和持久性，形成持续的带动力。

（三）提高新型经营主体带动发展能力

加大对家庭农场、农民合作社、农业企业等主体的支持力度，通过财政补贴、金融信贷、保险保障等政策组合拳，降低经营风险，增强发展韧性。鼓励新型经营主体在充分考虑自身发展、示范辐射作用发挥和农户自身条件的基础上，围绕特色农业主导产业，面向市场需求，有效延伸农业产业链条，使农业不再单纯地停留在种植养殖阶段，实现一产接二连三、二产前延后伸和三产接一带二的协调发展目标，实现从农产品生产到加工、分拣、仓储、物流和分销产业链条的延伸，增加农产品附加值。开展订单农业、优先雇佣、股份合作等多元的利益联结活动，带动周边农户开展标准化生产，提高小农户与大市场和现代农业的有机衔接，使农民能够充分享受产业融合发展带来的产业红利和增值收益。

二　壮大农村集体经济组织

农村集体经济组织是指以土地集体所有为基础，依法代表成员集体行使所有权，实行家庭承包经营为基础、统分结合双层经营体制的区域性经济组织，包括乡镇级农村集体经济组织、村级农村集体经济组织、组级农村集体经济组织。农村集体经济组织是我国农村经济制度的重要载体，在推动农村现代化进程中发挥着关键作用。它是集体资产的管理运营主体，通过资源整合与市场化运作，保障农民对集体财产的共有权益，实现集体资产保值增值，同时，通过民主决策机制协调集体事务，在产业振兴、公共服务供给等方面具有显著的组织优势，为农户提供生产服务，弥补家庭分散经营的不足，推动农业适度规模经营。农村集体经济组织还兼具基层管理职能，承担乡村治理基础角色，在宅基地分配、扶贫项目实施、基础设施建设等方面发挥着组织协调作用，为乡村振兴战略实施提供制度保障和组织支撑。

（一）构建多元主体协同共治的农村集体经济组织体系

以产权制度改革为核心突破口，充分发挥基层党组织的指导和引导作用，通过"党建+"模式整合村民自治组织、农业企业、合作社等资源，形成党组织引领、集体经济组织运营、市场主体参与、农户受益的联动机制。健全成员大会决策、理事会执行、监事会监督体系，完善"三权分置"的股权结构，明确权责，建立现代运营架构，提升规模化运营能力。同时，在保持集体所有制属性的前提下，兼顾公平与效率，确保集体资产保值增值与农民增收致富的有机统一。

（二）健全农村集体资产增值富农机制

通过"资源变资产、资金变股金、农民变股东"，因地制宜探索多元化开发模式，采取自主开发、合资合作、投资入股等方式，激发农村集体经济活力，推动集体经济组织与新型农业经营主体深度合作，建立现代企业制度。结合经营绩效，建立干部激励机制。引入职业经理人制度，通过专业运营团队提升集体资产收益率。完善产权交易体系，建立统一规范的农村产权流转交易平台，规范农村产权流转。深化集体收益分配权金融化改革，拓展股权质押、收益权证券化等创新试点，切实增强农民财产权的变现能力。拓宽农民从集体资产运营发展中增收的渠道，建立全链条的资产增值机制，使农民既能获得土地流转的租金收入，又能享有股份分红的财产性收入，还能获取就近就业的工资性收入，逐步缩小城乡收入差距。同时，建立"三公开"制度，定期向成员公示企业财务状况和收益分配方案，确保投资决策过程公开、财务预决算公开、筹资用途公开，确保重大事项经民主议事程序决定，构建联农带农长效机制。

三　推动农民的现代化

农民是生产主体、市场主体，实现农业现代化首先要求实现农民的现代化。推进农业现代化离不开生产技术科学化、生产工具机械化、增长方式集约化、经营销售市场化、生产组织专业化、生产绩效高优化，特别是农民的现代化。农民的现代化是推进农业现代化最基本的条件，其他所有要素条件的实现都必须通过劳动者完成。舒尔茨认为改造传统农业的根本途径是现代农业生产要素的投入，现代要素的引进和运用关键在于劳动者素质的高低。可以说现代化农业是以劳动者素质提高和人力资本投入增长为条件的，现代化农业与高素质的农业主体紧密联系。在劳动力缺乏技能和知识的情况下，增加常规的物质资本也可能使农业产量有一定的增长，但是，若农民的技能和知识水平不提高，这种增长将会受到严重限制。高素质的新型农民，具备较高的科技文化素质、经营和协作能力以及良好的思维心理素质，能运用现代农业生产装备和农业科技成果，掌握推进经营方式转变的本领，形成持续推动现代农业发展的力量源泉，加快推动农业现代化。2024年，农业农村部办公厅印发《关于做好2024年高素质农民培育工作的通知》，提出要聚焦提升技能、提升产业发展能力、提升综合素质，培育粮食安全守护者、产业发展带头人和乡村振兴主力军。

完善农民教育培训体系。各级党委和政府应重视农民教育培训工作，将农民教育培训与地方乡村振兴规划深度融合，制定分区域、分产业的差异化培育目标，重点聚焦粮食安全、智慧农业、绿色生产等战略领域，把培训任务落实到部门。建立资源整合平台，统筹农业院校、科研机构、龙头企业等培训主体，跨区域组建农民培育联盟，实现课程共享、师资互聘和实训基地联动。同时完善激励政策包，对取得职业资格认证的农民给予创业担保贷款贴息、设施农业用地指标倾斜、农产品品牌建设补贴等实质性支持。逐步建立农民教育培训的师资队伍，不断充实农民教育培训的师资力量。同时还应建立专/兼职教师责任制度，根据农民教育培训的需要，广泛吸纳农业专家、农业技术人员为兼职教师，利用高等院校和科研机构的人才，不断充实农民教育培训的师资库。

构建多层次、多元化的农民教育培训体系。根据农民需要，既开展涉农专业学历教育，又提供针对性的短期技术培训。围绕区域主导产业和新型经营主体需求，开展精准化、定制化的人才培养，实现教育培训与产业需求的无缝对接。培训内容和方法要充分考虑到农民的文化背景，因人而异。以技术型、操作型为主，教学形式要直观和生动，增强培训的针对性、适应性和实效性，既要采取广播、电视、互联网、卫星网等快捷、便利且覆盖面大的方式，又要采取传统的面授、辅导、指导等方式。要做到培训方式与特点相结合，技能培训与转移就业相结合，理论培训与操作训练相结合，形成科技推广、培训、示范应用一体化创新培训方法，使农民逐步由"体能型"向"技能型"转变。建立培训机制，采取处方培训、合作培训、委托培训等方式，逐步建立培训结业证书和职业资格证书相结合的持证上岗和就业准入制度。

第十章　高质量推进宜居宜业和美乡村建设

　　宜居宜业和美乡村的基本内涵是以乡村振兴战略为核心，通过统筹基础设施、产业升级、文化培育和生态保护，实现乡村物质文明与精神文明的全面提升，打造既有现代生活条件又保留乡土特色，实现人与自然和谐共生、物质与精神协调发展的新型乡村形态。宜居宜业和美乡村建设是实现中国式现代化的重要内容，也是实现农民对美好生活向往的重要实践。全面建设社会主义现代化国家，实现中华民族伟大复兴，最艰巨最繁重的任务依然在农村，最广泛最深厚的基础依然在农村。当前我国城乡发展不平衡问题依然存在，农业农村现代化进程明显滞后于工业化和城镇化水平。破解发展不平衡不充分问题，必须通过补齐基础设施短板、培育特色产业、完善公共服务、保护生态环境、传承优秀文化等系统性举措，推动形成产业兴、生态美、乡风淳、治理优、百姓富的乡村发展新格局，让农民群众能够在家门口享受到与城市居民同等品质的现代生活。农村是承载现代文明的重要空间，农耕文化源远流长，蕴含着丰富的思想道德资源，潜藏着巨大的社会经济生态价值。习近平总书记强调，农村是我国传统文明的发源地，乡土文化的根不能断，农村不能成为荒芜的农村、留守的农村、记忆中的故园。[①] 在全面推进社会主义现代化建设的新征程中，亟须通过系统性建设重塑乡村文明生态，既注重物质条件改善，更重

---

① 《习近平的乡土情》，《人民日报》2024 年 12 月 17 日。

视文化传承创新，培育文明乡风、良好家风、淳朴民风，全面提升乡村社会文明程度。

建设宜居宜业和美乡村战略构想的提出有清晰的历史脉络和现实考量，体现了中国共产党对乡村发展规律的深刻认识。党的十六届五中全会首次提出"社会主义新农村建设"，党的十八大明确"美丽乡村"建设目标，党的十九大提出乡村振兴战略，2020年党的十九届五中全会首次提出"实施乡村建设行动"，2022年中央一号文件明确将"宜居宜业和美乡村"作为乡村建设的新目标。党的二十大报告明确提出，要统筹规划乡村的基础设施和公共服务，致力于打造宜居宜业、和谐美丽的乡村环境。2022年12月，中央农村工作会议进一步强调，农村现代化是建设农业强国的内在需求和必要条件，而建设宜居宜业、和谐美丽的乡村则是农业强国的重要标志。2023年《乡村建设行动实施方案》细化了宜居宜业和美乡村建设的29项具体任务，形成"硬件+软件"的系统推进框架。2025年中央一号文件明确提出，要提升乡村产业发展、乡村建设、乡村治理水平，建设宜居宜业和美乡村。

第一节　完善基础设施，
保障农村具备现代生产生活条件

让农村具备现代生活条件，是夯实农业强国根基的必由之路，也是实现共同富裕战略目标的必然要求和关键路径。打造宜居宜业和美乡村则是农业强国建设的本质体现，农村生产生活条件现代化是筑牢国家粮食安全根基、建设农业强国的必然要求，也可为提升农民生活品质、推动城乡融合发展提供关键支撑。同时通过特色产业培育、生态治理和文化传承，培育乡村内生发展动力，最终实现农村宜居宜业和农业可持续发展的目标。农村具备现代化生产生活条件是指通过系统性升级和优化农村基础设施、公共服务，最终实现农业生产高效集约、农民生活品质全面提升。我国农村生产生活条件改善明显，基础设施不断完善，公共服务持续优化，但是区域发展不平衡问题依然存在，部分偏远地区和欠发达农村地区的生活条件仍相对落后。农村地区在农田水利、电网升级、危房改造、道路硬化、网络通信等基础设施建设方面，还远远滞后于城市，公共产品配置效率相对偏低。城乡之间、区域之间的发展不均衡，制约了农村生产生活条件和农民生活质量的全面提升。让农村具备现代生活条件，首先是要具备现代生产条件，通过智能农机、高标准农田和冷链物流等建设，推动农业规模化、数字化发展；其次是要具备现代生活条件，重点完善饮水安全、电力供应、网络通信和道路交通等基础设施，并推动教育、医疗等公共服务下沉，逐步缩小城乡差距。

我国推动农村基本具备现代生活条件的发展历程，体现了从解决温饱问题到追求高品质生活的跨越。改革开放初期，农村发展重点是满足通电、通路、通广播电视等基础需求，"村村通"工程使农村基础设施实现从无到有的突破。进入新世纪，在新农村建设战略指导下，积极推动改水改厕、危房改造等项目，农村人居环境得到系统改善。党的十八大以来，脱贫攻坚战将贫困地区"两不愁三保障"作为核心指标，通过易地搬迁、安全饮水等工程，使现行标准下农村贫困人口全部脱贫，为现代化生活条件奠定了基础。2020年乡村振兴战略全面实施后，中共中央办公厅、国务院办公厅印发《乡村建设行动实施方案》，明确提出"到2025年农村基本具备现代生活条件"的量化目标，重点推进数字乡村、清洁能源、物流体系等新型基础设施建设。2022年召开的中央农村工作会议明确提出，要以实现"农村基本具备现代生活条件"为发展方向，系统推进乡村建设各项工程，确保农民群众在本地就能享受到现代化生活品质。2023年中央一号文件作出具体部署，要求编制指导农村现代化生活条件建设的规范性文件。这一系列政策为加快农村现代化、实现共同富裕提供了重要指引。

一　强化民生基础设施建设

近年来，我国农村基础设施建设成效显著，行政村基本实现了硬化道路、稳定电力供应和 4G 网络全覆盖，符合条件的乡镇和建制村也已全面开通客运班车和邮政服务。但与全面建成小康社会的要求相比、与广大农民群众的期待相比，部分偏远村庄在道路条件、电力供应稳定性、网络信号覆盖、末端物流配送体系等方面，仍存在明显的短板，基础设施存在"最后一公里"缺口。部分地区的公共设施面临设备陈旧、服务功能欠缺、运营维护水平有限等现实挑战，制约了基础设施效益的发挥，也影响了农村居民生活质量的提升。习近平总书记强调，"现阶段，城乡差距大最直观的是基础设施和公共服务差距大。农业农村优先发展，要体现在公共资源配置上。要把公共基础设施建设的重点放在农村，推进城乡基础设施共建共享、互联互通，推动农村基础设施建设提挡升级，特别是加快道路、农田水利、水利设施建设，完善管护运行机制。要加快推动公共服务下乡，逐步建立健全全民覆盖、普惠共享、城乡一体的基本公共服务体系"。[①] 要对标全面建成小康社会和亿万农民群众对美好生活新期待，加快补齐农村基础设施短板。

完善民生基础设施网络。顺应人口变化趋势，坚持以需求为导向，科学统筹农村基础设施的空间配置与功能设计。持续推进"四好农村路"建设，重点加强自然村通硬化路建设，完善村内道路网络，执行"建管养运"四位一体模式，重点改造公路和危桥险段，

---

① 《在高质量发展中促进共同富裕（奋进强国路，总书记这样引领中国式现代化）》，《人民日报》2022 年 3 月 1 日。

提升农村公路技术等级和服务水平。整合客运站、电商服务站、快递网点等资源，构建县乡村三级物流节点体系，提高建制村快递服务覆盖率。高质量推进饮水安全巩固提升工程，通过城乡供水一体化的管网延伸建设，重点攻克偏远山区、干旱地区的季节性缺水难题和高氟水、苦咸水等特殊水质问题。同步推进数字乡村建设，确保行政村光纤宽带 5G 网络全覆盖，并向有条件的自然村延伸，为智慧农业物联网、远程医疗、在线教育等数字化应用提供基础支撑。依托新型城镇化和新农村建设，以县城、中心镇和农村为重点，促进城乡公共设施联动发展。统筹推进城乡交通、电力、供水、供气、垃圾、污水处理、公共文化设施等基础设施建设和一体化联动发展，实现城乡基础设施互通。

加大农村民生基础设施投入。建立农村基础设施专项财政资金，确保年度投入合理增长，重点向革命老区、少数民族地区、边疆地区倾斜。由省级财政部门牵头整合交通、水利、农业等部门的涉农建设资金，实现建设资金的集约化使用和全过程监管，提高资金使用效率。充分发挥中央预算内投资和国家城乡融合发展基金的引导作用，科学配置利用和引领社会资本、金融资本和自筹资金等下乡发展。通过税收减免、用地保障等优惠政策，鼓励社会资本以 PPP、BOT 等模式参与农村道路、供水等基础设施建设项目，不断拓宽融资渠道，确保农村基础设施建设的资金需求得到满足。

二　强化农业基础设施建设

农业基础设施是指为农业生产、流通和农村发展提供基础性支撑的硬件设施和公共服务系统，主要包括农田水利建设，农产品流通重点设施建设，商品粮棉生产基地、用材林生产基础和防护林建设，农业教育、科研、技术推广和气象基础设施等。强化农业基础设施建设是保障国家粮食安全、提升农业综合生产能力的战略举措。

加强水利基础设施建设。水利基础设施是国家战略性工程，在农业发展中发挥着重要作用，通过水库、排灌系统等设施减轻洪涝干旱对农业的冲击，增强农业抗灾韧性，同时实现跨区域水资源的科学调度与高效利用。要重点支持粮食主产区中低产田改造和中型灌区节水改造，切实抓好以小型灌区节水改造、雨水集蓄利用为主的小型农田水利工程建设和管理，切实改善农业生产条件，建成一批高产稳产、旱涝保收的基本农田。水利建设投资向农田水利等小型基础设施倾斜，保证基本农田灌得进、排得出。加快大型灌区续建配套步伐，完善灌排体系；加快田间排灌、小型灌区和非灌区抗旱水源建设与丘陵地区和其他干旱缺水地区雨水集蓄利用等田间水利工程项目建设。

推进智慧农业基础设施建设。加速农村数字新基建布局，重点实施"三网融合"工程，推进5G基站与物联网感知终端在农村地区的协同部署，打造低延时、高可靠的农业专网，通过边缘计算节点实现田间数据的本地化处理。建立覆盖农业生产全流程的标准化数据采集网络，通过物联网感知设备和区块链技术实现从田间到云端的数据共享。以"农技云"平台为载体整合遥感监测、智能诊断等功能模块，形成省域统筹、市县联动的数字农服网络，通过AI决策系统实现播种、灌溉、施肥的精准调控。为智慧农业场景提供基础设施保障。

推进农业装备现代化。按照农田建设与机械化需求相互适应的思路，推动特色农业装备现代化。一是推动农业机械"宜地化"发展。充分利用科技优势，针对坡地、梯田、林区等不同地形，以市场需求为导向，加强特色农业装备研制与推广，推动智能化、多功能、组合式农机具应用。二是加大土地"宜机化"改造力度。以先进且适用为原则，制定出台"宜机化"整治技术规范和技术标准，优先选择具有示范效应的高标准农田建设区域开展宜机化改造试点。同时配套建设田间沟渠管网、生产道路等设施，提升耕地质量和产出水平。三是推进农机农艺深度融合。选育和推广特色作物宜机化品种，形成作物品种、农机技术、农机装备相配套的农机农艺融合技术体系。

三 强化长效管护机制建设

农业基础设施长效管护机制是现代农业可持续发展的重要环节。我国的农村公益基础设施存在"重建设、轻管护"的困境，项目验收后长效管护机制尚未健全，导致基础设施年久失修，且现有管护人员多是当地中老年村民或兼职村干部，既缺乏设施维护的专业技能培训，又受制于体力，日常巡检和维护作业多是流于形式。同时，基础设施管护体制碎片化，涉及水利、交通、农业等部门的设施管护权责交叉却不协同，各部门专业力量难以形成聚合效应，管护经费分散，缺乏统筹整合机制，难以满足专业化运维需求。要深化管护机制改革，建立"政府主导、市场运作、村民参与"的多元化管护体系，破解"重建轻管"困局，保障各项设施"建得好、管得住、用得久"。

明确管护主体权责边界。建立县乡村三级管护组织网络，县级设立管护指导中心，乡镇成立管护工作站，村级组建管护小组，制定管护责任清单明确各部门权责边界，实现层级联动。在行政村建立村民管护理事会，将基础设施管护要求纳入村规民约，通过道德"红黑榜"等激励机制调动村民参与的积极性。同时，坚持"谁受益、谁管护"和"市场化运作与政府补助相结合"的原则，推广政府购买服务、专业机构承担运维、乡镇政府承担主要考核职责的模式，通过建立量化指标体系实施绩效管理，县直相关职能部门提供专业指导，构建"政府引导、市场运作、村民参与"的三维管护体系。

加强管护队伍建设。根据各地实际管护需求，科学配置管护力量。按照不同类型设施的管护标准配备相应专业人员。根据各乡镇实际管护需求，科学配置管护力量。按照不同类型设施的管护标准配备相应专业人员，按需吸纳水电工、园艺师等专业技能人才，定期组织管护技能培训，并根据季节性管护重点和新增设施情况灵活调配人力。选聘项目所在村的村"两委"成员、老党员和热心村民担任义务监督员，充分发挥自身优势，针对施工过程和日常维护开展常态化巡查。

拓宽长期管护资金渠道。设立专项管护资金并建立逐年增长机制，强化财政主渠道作用，同时完善管护资金监管制度，规范项目申报、资金拨付、财务报账等流程，确保专款专用。积极发动乡贤力量，定期走访联络、召开乡贤座谈会等，"以奖代补"鼓励本地企业家通过项目认领、资金捐赠、实物支持等方式投资产业关联设施管护与公益管护，撬动社会力量参与公共基础设施管护。

四　强化人居环境品质提升

改善农村人居环境是以"干净、整洁、有序、宜居"为导向，聚焦解决农村突出的环境短板，通过系统性整治与提升措施，从根本上优化农村居民的生产生活环境，全面提升村庄生态品质与居住舒适度，增强农民的获得感、幸福感。1979 年党的十一届四中全会通过的《中共中央关于加快农业发展若干问题的决定》，首次明确提出要防治化肥、农药对环境的污染，并推广生物防治技术，将农村环境保护纳入政策框架。1984 年国务院将农村环保纳入法规体系。1999 年首个农村生态专项文件出台。2003 年浙江"千万工程"率先探索实践，政策重心转向基础设施与生态保护协同。2014 年 5 月，国务院办公厅发布《关于改善农村人居环境的指导意见》。2018 年党的十九大将人居环境整治列入乡村振兴战略核心任务。2018 年 2 月，中共中央办公厅、国务院办公厅印发《农村人居环境整治三年行动方案》，标志着农村人居环境整治起步与全面铺开。2024 年中央一号文件提出有机废弃物资源化利用等精细化要求，形成政府主导、村级实施、群众参与的长效机制。

着力补齐人居环境短板。立足现有条件，区分轻重缓急，以村容村貌美化、厕所革命、垃圾和污水处理能力提升为重点，持续开展农村人居环境整治提升，梯次提升净化、绿化亮化、美化水平。推进农村厕所革命提质增效，制定科学规范的农村户厕建设技术标准，为改厕工程提供标准化依据；合理规划布局农村公共厕所，积极推广节水型、少水型水冲设施；整村推进奖补政策，激励引导村民积极参与改厕。重点推行"户分类、村收集"的垃圾分类处理机制，选择条件成熟的村庄开展垃圾源头减量化试点示范，重点加强乡镇政府驻地及人口集聚村的污水处理设施建设，实现环境效益与资源效益的提升。建立完善的农村垃圾、污水治理设施及运行管理体制机制，坚持建管并重，统筹抓好建设时序和长效管护。

改善公共空间和庭院环境。推广文明健康、绿色环保的生活方式，重点推进公路沿线绿化，门前屋后猪圈、鸡舍、牛棚改造和耕地菜园美化，消除私搭乱建、乱堆乱放，通过盘活闲置荒地、改造废弃场地、整合村庄边角空间等方式，推进乡村微型公园和公共绿地系统建设。对新出现的群众住房安全问题，及时纳入危房改造计划，确保群众住房安全。采用"微改造"方式保护修复乡土建筑与景观格局，保留原有生活空间、生活方式与生活场景，突出乡土特色和地域特点，保留乡愁韵味，提升整体生活品质。

第二节　数字技术赋能，推进生态宜居

生态宜居强调自然、产业、人文生态系统的协调优化，需满足生态系统良性循环、环境质量优美、产业链完整、人文传统保护等标准。以生态承载力为前提条件，统筹环境治理、经济发展与文化传承，打造既能满足当代人福祉需求又不损害后代发展权益的人居环

境。同时，完善生态产品价值实现机制，将乡村的生态优势转化为发展优势，形成乡村与城市的功能互补共生格局。生态宜居理念的提出与发展体现了我国对乡村可持续发展认知的不断深化。生态宜居最早可追溯至 2005 年党的十六届五中全会提出的"社会主义新农村建设"二十字方针中的"村容整洁"要求。2012 年党的十八大将"美丽中国"纳入国家战略，为生态宜居的提出奠定了基础。2017 年党的十九大将"生态宜居"列为乡村振兴战略二十字总要求的关键环节。2021 年《中华人民共和国乡村振兴促进法》明确"生态宜居"建设标准，要求统筹山水林田湖草系统治理。2022 年《乡村建设行动实施方案》提出"保留乡村风貌、留住田园乡愁"的差异化发展路径，避免千村一面。生态宜居不仅是衡量农业农村现代化水平的关键指标，更是实现城乡融合发展和共同富裕的重要抓手。

在新一轮科技革命和产业变革加速推进的背景下，数字技术和数据要素作为新型生产要素，已经广泛地融入生产、分配、交换和消费等经济社会环节，并且深刻改变着社会生产、生活和治理方式。数字经济具有高创新性、强渗透性和广覆盖性等特征。数字经济时代，大数据、云计算、区块链、人工智能等技术在农业领域的应用，能够有效地消除传统经济社会的信息不对称壁垒，减少由不确定因素带来的交易成本和经营风险，降低市场失灵产生的生产要素错配，从而提高农业生产要素配置效率。同时，数字技术的应用突破了农业生产经营中的时空和地理边界限制，加速了生产要素的流动、共享、整合与利用，推动生产要素流向效率更高、效益更好的环节和区域，从而实现帕累托改进，最大限度释放各生产要素活力，持续提高要素配置效率。数字技术正在深刻重塑农村生态宜居建设模式，通过智能化手段为传统乡村注入可持续发展新动能。数字技术赋能，将促进农业生产经营主体立足资源禀赋和生态环境容量，通过数字化精准分析与预测，把握农业绿色发展生产要素规律，从根本上减少对化肥、农药的依赖，最大限度发挥农业生产要素潜力，激活生态产品价值，实现绿色、优质、安全发展，最终实现人与自然和谐共生。

一 数字经济赋能农业生产绿色转型

农业生产绿色转型是在保障粮食安全的前提下，通过系统性变革农业生产方式与经营体系，转变传统高消耗、高污染生产方式，构建资源高效集约利用、投入品减量增效、生态环境友好与农产品质量安全的农业生态系统。数字技术赋能农业生产绿色转型是破解资源环境约束、保障可持续生产能力的关键，有利于发展精准农业技术，推广生物农药、有机肥替代技术，减少化学投入品依赖，提升地力，推动资源持续利用。《农业农村部关于加快农业发展全面绿色转型促进乡村生态振兴的指导意见》锚定建设农业强国目标，提出推动农业绿色转型的重点任务：通过科技创新与制度创新双轮驱动，加强耕地保护与水资源节约利用；推进化肥农药减量增效；强化农业废弃物资源化利用；推动产业低碳转型，健全生态产品价值实现机制，构建"资源集约—环境友好—效益提升"的现代农业体系，为农业绿色转型升级指明了方向和重点。

精准化生产降低资源消耗。数字技术加快发展，越来越多的智能农机设备被应用于农业生产，显著提升了农业生产的自动化、精准化和智能化水平。产前，运用大数据分析和云计算，科学评估土壤、灌溉、气象情况，科学合理地制定种植方案。产中，农业机械的智能化和自动化运用能减轻对繁重劳动力投入的依赖，直接提高生产率。同时，农业从业者通过作物生长实时监测数据，实现精准施肥和灌溉等田间管理优化，及时作出生产计划和方案的调整，提高农作物的生长效率，有效地减少化肥和农药的使用，提高资源利用率，最大限度地降低生态环境污染。

要大力推进"数字乡村"试点示范，加强农村地区的数字新基建，提高千兆光网和 5G 网络在行政村的覆盖率。将大数据、物联网、5G、区块链等数字技术贯穿于农作物耕、种、管、收等各环节，促进农业生产全过程智能管控、精准运行和科学管理，有效降低农业生产经营中的不确定性，减少资源浪费；并加强对农田、牧场的智能监测和预测预警，推动农田系统甲烷减排、化肥减量增效、畜牧系统减排和农机绿色节能，提升农业碳汇能力。整合农业生产、经营、管理等数据资源，建设农业农村大数据平台，为数字技术赋能农业绿色转型提供基础保障。

拓宽资源化回收和利用途径。农业废弃物的科学回收和处理，是发展现代农业循环经济的重要内容，通过技术创新与模式优化，将传统意义上的"污染源"转化为具有经济价值的"再生资源"。数字技术有助于提高农业废弃物回收效率，拓宽资源化回收和利用途径，促进农业生产绿色转型。要不断开发数字化技术应用场景，通过"互联网+"与大数据技术的深度融合，对传统再生资源回收行业进行智能化改造，构建"线上+线下"回收体系，拓展回收和利用途径，提高回收利用效率，降低运营成本，实现农业废弃物的科学回收和处理。

二　数字经济赋能农村生活方式绿色转型

农村生活方式绿色转型是指对农村居民日常生活方式进行系统性重构，包括生活方式理念和日常生活场景中能源消费、废弃物处理、交通出行等行为的重塑，形成资源节约、环境友好、生态平衡的绿色生活方式。随着经济发展水平的逐步提高，民众对绿色健康生活的追求持续升级，从单一生理健康向全维度健康拓展，从个体健康维护向家庭乃至社区健康生态升级。农村生活方式绿色转型，有利于增强农民绿色低碳生活意识，将环保责任内化为自觉行动，也有助于减少能源消耗、延长物品使用寿命、严格垃圾分类等具体实践的推进，既能降低生活成本、提升健康水平，又能缓解资源压力、改善环境质量。

数字技术助力农村生活场景低碳化。数字技术不仅有利于改变传统农村高耗能的生活方式，更能通过数字化手段将绿色发展理念融入村民日常生活。要加快推进农村传统基础设施的数字化升级改造，保障与数字化平台的相互配合与高效应用。建立数据有序共享开放机制，提高数字技术融合集成度，避免"数据烟囱"、信息孤岛现象。提升农民数字素养，以农村基层干部、新型农业经营和服务主体带头人、大学生村官、乡村能工巧匠和返乡入乡"双创"人员为重点培训对象，开展数字经济业务、数字农业设备使用培训和教育，辐射带动农民提升信息化应用能力。采用线上和线下相结合的宣传方式，将绿色生活理念和生态保护要求纳入村规民约，让保护生态环境从书面条款转化为村民的自觉行动、情感认同和行为习惯。

数字技术助力农业生态低碳消费。数字技术与农业加速融合，催生多样化农产品消费场景，能够有效拓展消费半径和场景，让空间上的"万水千山"变为网络里的"近在咫尺"，不断拓宽农产品上行渠道。运用数字技术丰富农产品消费场景，加强消费场景的研发和推广，结合地区经济、生态、服务等集成性功能优势，拓展扩散农业关联关系，挖掘农业食品保障、生态涵养、休闲体验、文化传承等多种功能，促进其与文化产业、旅游业、信息产业等的跨界融合与产销融合；发展农商直供、预制菜肴、餐饮外卖、冷链配送等业态，开发推广"原料基地+中央厨房+物流配送""生产基地+中央厨房+餐饮门店"等销售模式，把产业链条向消费终端延伸，实现从产地到超市、从田间到餐桌的"一站式"服务；数实结合，充分利用数字经济催生的社交电商、社区团购和直播电商等新型电商模式，不断拓展农业生态低碳消费空间。

三　数字经济赋能生态产品价值实现

生态产品是指自然生态系统或人类与自然协同作用形成的，能够维系生态安全、提供生态调节服务（如碳汇、水源涵养）并满足人类物质与文化需求的自然资源及其衍生产品。价值实现是指将生态产品所蕴含的生态、经济、社会和文化价值，通过市场化经营、生态保护补偿等机制转化为实际经济价值和社会效益的过程。当前我国农业生态产品价值实现主要面临着测算难、交易难、变现难等挑战。数字技术在农业生态产品价值实现过程中发挥着重要作用。首先，利用卫星遥感、物联网传感器等技术，实时监测森林碳汇、水源涵养等生态功能指标，解决传统评估数据碎片化问题，实现生态产品数量与质量的精准量化。其次，依托大数据平台开展生态产品交易，突破地域限制和信任壁垒，破解交易难的制约。最后，人工智能驱动消费场景匹配，催生生态旅游、有机农产品等，提升生态产品变现效率。

数字经济赋能自然资源配置效率提升。数字经济时代，大数据、云计算、区块链、人工智能等技术在农业领域的应用，能够有效地打破传统经济社会的信息不对称壁垒，减少由不确定因素带来的交易成本和经营风险，降低由市场失灵引发的生产要素错配，从而提高农业生产要素配置效率。要构建以土地资源为主体，统筹森林、草原、湿地、矿产等要素的自然资源资产数字化管理体系，建设覆盖全域、全要素的生态产品基础数据库。构建融合航天遥感、航空遥感和地面感知的多层次立体观测体系，实现对自然资源资产的全方位、多尺度、高精度动态监测，为自然资源产权界定、资产清查和权益登记提供坚实的技术支撑。依托区块链与人工智能技术，构建生态产品市场化交易机制，改善传统交易模式下市场信息滞后情况，显著降低制度性交易成本。

数字技术赋能生态产品价值升级。借助5G网络、数字孪生和

AR/VR 等新一代信息技术，直观展现生态产品的全生命周期，构建虚实融合的沉浸式场景，开发交互式体验产品，让游客深度参与生态过程，催生生态康养、自然教育等新兴业态，显著提升生态产品的边际收益。整合文旅产业重点项目与文化科技专项基金资源，构建生态旅游与数字技术对接平台，重点推进 VR/AR、元宇宙技术在乡村文旅场景的应用落地，打造沉浸式、体验式、互动式生态产品。深度挖掘地域文化基因，将民间故事、历史典故转化为具有辨识度的生态文化 IP，同时运用新媒体矩阵构建线上线下传播体系，以品牌营销推进生态产品溢价增值。运用数字化手段对景区运营体系进行全方位升级，依托游客行为数据挖掘和智能算法应用，实现精准营销与智能导览，扩大生态产品供给。

第三节　健全优质文化供给机制，推进乡风文明

乡风是指农民群体在长期生产生活中形成的价值共识系统，主要包括民俗习惯、道德规范和文化认同。乡风文明就是广泛受人认可的、健康向上的乡村社会风气。它不仅指向乡村社会的文明程度，还蕴含着乡村民众的普遍价值选择、道德观念和文化水平。村规民约等非正式制度是农村社会的精神纽带，维系乡村社会秩序。乡风文明以文化认同激发农民参与乡村振兴的内生动力，通过移风易俗成效反映基层治理现代化水平。乡风文明建设有利于激发农民参与乡村建设的主体意识与内生动力，健全优质文化供给机制，有助于融合优秀传统文化和现代价值理念，为推进农业农村现代化夯实文化软实力基础。

2005 年党的十六届五中全会提出生产发展、生活宽裕、乡风文明、村容整洁、管理民主的社会主义新农村建设 20 字方针。2017 年党的十九大将产业兴旺、生态宜居、乡风文明、治理有效、生活富裕作为乡村振兴总要求，赋予其新时代内涵。2018 年中央一号文件明

确要求弘扬农耕文明和优良传统,《关于进一步推进移风易俗建设文明乡风的指导意见》提出道德讲堂、村规民约、文化礼堂等的实施路径。2021 年《中华人民共和国乡村振兴促进法》确立乡风文明建设地位,强调培育和践行社会主义核心价值观。2022 年农业农村部等八部门联合开展高价彩礼等不良风气专项治理工作,推动形成文明婚俗新风尚。2023 年中央文明办开展"美丽乡村·文明家园"示范创建,不断深化乡风文明建设实践。《中共中央关于进一步全面深化改革　推进中国式现代化的决定》提出,实施文明乡风建设工程,2025 年中央一号文件进一步对"加强文明乡风建设"进行全面部署。上述政策措施体现了不同时期对乡风文明建设的内涵拓展与实践创新。

优质乡村文化供给既肩负着传承农耕智慧、守护文化基因的任务,又承担着塑造集体认同、激活发展动能的关键功能。乡村文化产品与服务供给是关乎农民精神福祉的民生工程,作为最贴近群众生活的文化载体,其供给质量直接影响农民的获得感。健全优质乡村文化供给机制,提供精准化文化服务,能够直接提升农民精神生活品质,推进移风易俗,破除陈规陋习,树立文明新风,同时增强村民参与公共事务的主体意识。通过持续优化文化供给体系,能够以文化繁荣为支点撬动乡村产业、生态、组织等全方位振兴,为农业农村现代化提供持久精神动能。

一　加强文明乡风建设的思想引领

坚持以习近平新时代中国特色社会主义思想为根本遵循,将社会主义核心价值观融入乡村治理实践,是确保乡风文明建设正确方向的核心保障。《中共中央 国务院关于进一步深化农村改革 扎实推进乡村全面振兴的意见》为新时代农村精神文明建设提供了根本遵循,强调要以思想政治引领为核心抓手,通过系统推进文明乡风建设,使习近平新时代中国特色社会主义思想在广大农村落地生根，促进社会主义核心价值观转化为农民群众的自觉行动和实践准则，这一重要论述为培育新时代乡村文明新风尚确立了行动指南。只有筑牢思想根基，才能将党的理论优势转化为乡风文明的持久动力，实现文明乡风从"外在规范"到"内在自觉"的深层转化。

创新宣传教育方式。充分发挥社会主义核心价值观的引领作用，结合农村生产生活实际，组建由村干部、乡贤能人、大学生村官等构成的宣讲队伍，深入田间地头、农家院落，用通俗易懂的方式传播社会主义核心价值观，让思想教育更接地气，增强宣传教育效果。通过举办道德讲堂、农民读书会、非遗展演等群众喜闻乐见的文化活动，将社会主义核心价值观融入日常生活场景。同时通过设立"道德红黑榜"、评选"星级文明户"等树立典型，形成持续性的道德激励，示范带动道德文明建设，使社会主义核心价值观真正内化为村民的行为准则和精神追求。

把党建引领贯穿于文明乡风建设全过程。在推进文明乡风建设过程中，必须充分发挥基层党组织的政治引领作用，把党的政治优势和组织优势转化为文明乡风的建设优势。强化农村基层党组织建设，选优配强村"两委"班子，将每月主题党日活动与文明创建紧密结合，运用"三会一课"制度强化党员教育，党员干部要带头签订文明承诺书，引导党员在理论宣讲、家风培育、移风易俗等方面走在前列，在红白喜事简办、环境卫生整治等方面率先垂范。把文明乡风建设成效纳入民主评议党员和村干部绩效考核范畴，定期开展评议活动，实现基层党建与乡风文明建设的深度融合、相互促进。充分发挥党组织和党员干部的牵头抓总作用，强化资源整合，建立"党建+"联动机制，统筹基层群众性自治组织与网格化服务、文化站等阵地资源，形成工作合力，激发村民参与文明乡风建设的积极性和主动性，全面提升农民文明素养，培育新时代文明乡风。

二　丰富优质乡村文化产品和服务

扩大乡村文化产品与服务是指立足乡村本土文化资源，以满足农民精神需求、提升文化素养、改善生活品质为目标，兼具文化价值与实用功能的文化资源和服务。优质乡村文化产品和服务应当具有丰富的形式和内容，不断适应农村居民的需求变化。优质乡村文化产品与服务以公益性为核心，以多元供给为路径，包括由政府主导、社会参与提供的公共文化产品和服务，也包括由社会力量开发的特色文化产品和文旅产品。其中，公共文化产品和服务具有均等性、公益性和便利性等特点，主要用于保障农民基本权益，提升乡村群众的文化获得感和幸福感。特色文化产品和文旅产品，既蕴含着丰富的思想道德资源，也潜藏着巨大的社会经济生态价值。推进乡村文化资源下沉，丰富优质乡村文化产品和服务，是满足农民精神需求、提升文化素养、改善生活品质和实现共同富裕的重要环节。

扩大乡村公共文化产品和服务供给。立足乡村禀赋条件与特色资源，聚焦村民最迫切的文体活动、技艺传承、文化教育等需求，设立乡村文化振兴专项资金，提升乡村文化硬件建设水平，加强文化场所的空间布局优化和功能完善，构建覆盖全面、功能完备的公共文化服务网络。强化村级文化广场、数字文化站、多功能活动室等设施建设。常态化开放各类公共文化体育场所，提高使用效率。数字赋能建立城乡联动机制，重点建设县域文化云平台，实现数字资源互联互通，提供在线培训、展演直播等云端服务。充分利用古民居、宗祠、文保单位、村史馆、民俗馆等特色公共文化场所，打造彰显地域特色的农村公共文化载体。形成资源下沉的立体化通道，最终实现城乡文化服务均等化发展目标。

丰富农村文化产品和服务供给模式。优化乡村文化领域营商环境，充分发挥财政资金的撬动作用，通过 PPP 模式、服务外包方式，吸引社会资本投入农村文化建设。通过设立文化公益创投基金，开发志愿服务平台，完善捐赠激励机制，拓宽社会参与渠道，鼓励企业家和返乡能人等社会力量参与乡村文化建设。以项目带动、政策推动、标准引领、多方协同、典型促动为抓手，鼓励、吸纳企业、传承基地加入特色文化产品和服务的开发和提供，推动农文旅深度融合，实现文化传承与产业发展的良性互动。同时充分发挥农民的主体作用，举办百姓大舞台、"村晚"、龙舟赛等群众性文化活动，鼓励农民群众参与，营造积极向上的氛围，既丰富群众精神文化生活，又带动乡村经济发展。

三　创新农业文化遗产保护路径

党的二十届三中全会提出，建立文化遗产保护传承工作协调机构，建立文化遗产保护督察制度，推动文化遗产系统性保护和统一监管。农业文化遗产是文化遗产的重要组成部分，是中华优秀农耕文化的智慧结晶和重要载体，深入挖掘、保护、传承和发展农业文化遗产，具有重要的现实意义和深远的历史意义。我国农耕文化源远流长，蕴含着丰富的思想道德资源。

充分挖掘与整合优秀乡土文化资源。坚持因人而异，构建守护人培育长效机制。围绕乡村文化能人、产业带头人、非物质文化遗产代表性传承人、工艺美术师和民间艺人等，借鉴浙江青田、湖南新化和云南元阳等地的做法与经验，建立多层次、全方位的传承守护培训机制。培养农遗保护的"土专家"，建立"农业文化遗产传承师"认定制度，将农遗传承师认定分为初级、中级、高级三个级别，由县农业农村局进行认定并给予资金奖励和政策支持，提升当地农村社区和农民的文化认同感。针对不同主体，定期开展农业职业技能培训，培育村落内农业遗产保护的中坚力量。加大财政和基建资金支持力度，重点支持已认定的国家级、省级重要农业文化遗产项目；由省级财政每年安排专项资金，用于全省农业文化遗产的申报、保护与开发等工作。采取鼓励社会力量参与农业文化遗产保护利用的政策举措，激活社会资源，通过政府购买服务、项目补贴、以奖代补等方式，引导社会力量参与，形成政府主导、社会参与、市场运作的保护利用多元共治格局。

促进农业文化资源开发数字化。拓展展示馆和传承基地应用场景，依托人工智能、数字扫描、物理渲染、孪生技术、虚拟现实、元宇宙等科技手段和智能媒介，将农业文化资源进行数字内容设计、开发与创作，打造数字交互艺术体验作品，以触摸屏、沉浸式投影空间、VR沉浸式交互体验项目为技术手段，打造云展馆、码上看非遗、VR体验馆、非遗影像馆、3D影院等体验项目，全方位展现农耕文化的起源、发展、变革与传承等，实现农业文化遗产的真实性记录、原生态复刻、本源性再现和跨时空重生。

拓宽农业文化遗产传播渠道。一是鼓励开展特色农业文化直播。充分利用抖音、快手、微信和小红书等平台，创新传统农耕文化的时代表达形式，强化农业文化与现代生活场景的链接，实现跨地域、大面积传播，继而借助直播带货、橱窗商品销售等方式变现，打通农业文化资源内容"生产—变现—再生产"的正向增强回路。二是精心设计特色农耕农趣体验活动。鼓励各地依托农业文化遗产，精准对焦群众需求，在茶马古道、传统村落、农业遗产核心区，围绕二十四节气、农民丰收节等农耕农事重点节点，常态化举办多站式、体验式特色农耕赛事活动，持续为农业文化遗产"引流"。三是加强农业文化遗产保护利用的交流协作。积极响应全球重要农业文化遗产保护青田倡议，利用国际国内农业文化遗产保护与发展交流平台，加强与不同地区、不同形态农业文化资源的交流互鉴，构建"协作网"，拓展"朋友圈"。

第四节　提升乡村治理效能，推进治理有效

乡村治理是指通过基层党组织领导、村民自治和法治德治相结合的方式，对农村公共事务进行管理、服务和决策的综合性过程。乡村治理体系，是国家治理体系的重要组成部分，以实现乡村有效治理为核心目标，注重整合传统治理资源与现代治理技术，通过优化治理组织、协调治理机制、拓展治理能力等路径推进乡村振兴战略实施。乡村治理效能是指通过制度设计、资源配置和多元主体协同，实现乡村公共事务管理目标的效率、效果、效益和能力，其核心在于将治理体系转化为实际治理成果的能力。提升乡村治理效能是建设农业强国的内在要求，既有利于巩固基层政权，推进农业农村现代化，又有利于为城乡融合发展提供制度接口，解决城乡发展不平衡问题。提升乡村治理效能可显著提升农民生活质量，有助于精准对接农民需求，通过优化公共服务供给和矛盾纠纷化解机制，增强农民的获得感、幸福感和安全感，满足农民群众对美好生活的需要。总之，提升乡村治理效能对于建设宜居宜业和美乡村、实现农业农村现代化具有重要意义。

我国乡村治理体系政策经历了从传统治理到现代治理的转型。改革开放后，家庭联产承包责任制的推行催生了"村治"模式，1988年《村民委员会组织法（试行）》以法律形式确立村民自治制度。进入21世纪，农业税取消和社会主义新农村建设推动治理重心转向公共服务供给。2017年乡村振兴战略提出，乡村治理政策体系更加完善，党的十九大提出自治、法治、德治相结合的治理框架。2019年出台的《关于加强和改进乡村治理的指导意见》中系统设计了"三治融合"的现代治理制度框架，从组织体系、运行机制到保障措施提出了具体实施路径。2024年颁布《乡村全面振兴规划（2024—2027年）》，在既有基础上，进一步对治理组织结构优化和跨部门协同机制创新提出

了更高要求，标志着乡村治理进入系统化、精细化发展阶段。推进农业农村现代化，实现共同富裕，必须聚焦农民急难愁盼问题，优化政策执行机制，使广大农民切实感受到生活品质的提升、权益保障的强化和发展机会的扩大，实现物质与精神的双重满足。

一　构建乡村治理共同体

党的二十大报告明确提出，建设人人有责、人人尽责、人人享有的社会治理共同体。乡村是实现国家治理体系和治理能力现代化的重要载体。乡村治理共同体是指在党建引领下，村民、社会组织、其他参与者基于共同利益与价值共识，通过责任共担、协商共治、成果共享的方式，共同开展乡村治理实践，形成党委领导、政府负责、社会协同、公众参与、法治保障的现代乡村治理体系。其本质是通过重构治理关系网络，激活乡村内生发展动力。2023 年中央一号文件明确指出要坚持以党建引领基层治理，提升乡村治理效能，为强化基层党组织作用、打造多元协同的乡村治理共同体、系统提升乡村治理现代化水平明确了实践指向和重点。

加强基层自治组织规范化建设。在国家推进治理现代化进程中，基层自治组织是政策落地的"最后一公里"执行者，也是村民利益表达的重要窗口，在乡村治理体系中发挥了基础性支撑作用。要不断完善"村党组织—村民委员会—村民小组"的基层自治体系，明确各层级职能定位。重点推进党群服务中心功能升级，打造集党务、政务、服务于一体的综合性平台，全面覆盖组织建设、民生服务、文化培育等基础功能。建立健全民主参与机制和决策程序，建立"阳光议事"平台，开展村务公开、民主协商、民意征集等工作，保障村民知情权、参与权、表达权、监督权等民主权利，激发基层自治提升治理效能的积极性。充分利用新媒体，多渠道宣传政策和农村议事协商相关信息，丰富居民参加议事会、志愿服务的参与机制，提高村

（居）民对基层自治组织的认同感和参与公共事务决策管理的主动性，形成政府引导与村（居）民自治的格局。

推动治理主体多元化。乡村治理的核心在于构建多元主体的协同共治机制，使村委会、村民小组、乡贤理事会、新型经营主体等各类治理主体在充分沟通协商的基础上，形成价值认同和行动共识。提升乡村治理效能，关键在于激活各参与方的主动性和积极性。如果缺乏合理的激励措施或者必要的村规民约、信用惩戒等约束手段，村民、企业、社会组织等力量参与公共事务的主动性和持续性将难以维系。因此，要构建乡村治理共同体机制，明确职责分工，让村民自治组织、新型农业经营主体、返乡创业人才等治理主体在参与过程中获得激励和相应的利益，充分动员人民群众的力量，整合社会资源，鼓励村民和其他乡村社区利益相关者参与乡村共建共治，共同构建有效的治理共同体，增强治理的可持续性。

二 创新乡村治理方式

乡村治理创新是通过引入现代治理理念和技术手段，对传统乡村管理模式进行系统性革新的过程。它以提升治理效能为核心，通过组织重构、制度优化、技术赋能和文化重塑等路径，构建适应乡村振兴需求的现代化治理体系。乡村治理方式创新，推动乡村从传统管理向现代治理转型，巩固了党在农村的执政基础，有助于优化资源配置，发展乡村特色产业，有效化解矛盾纠纷，促进乡风文明，最终实现农民获得感、幸福感、安全感的全面提升。党的十九大明确提出要健全三治结合的乡村治理体系。2019年启动乡村治理体系建设试点，探索积分制、数字化平台等创新工具。党的二十届三中全会提出政治引领、自治基础、法治保障、德治教化、智治支撑"五治一体"新框架，明确了乡村治理创新的方向和实施路径。

创新治理工具和机制。乡村治理工具和机制创新能够显著提升治理效能。系统梳理村级组织权责事项，在明确村级组织权责边界的基础上，将村民参与公共事务、遵守村规民约等行为量化赋分，采取积分制，与集体分红、信用贷款等权益挂钩，形成制度约束与行为激励相结合，激发村民自治活力。通过村规民约修订、新时代文明实践站等载体，将传统治理智慧与现代治理理念相结合，在乡风文明建设过程中培育乡村治理的内生动力。同时，强化乡村治理创新典型模式梳理和推广，从制度设计、技术应用等方面总结共性规律，形成可复制推广的模式，推进乡村治理效能的整体提升。

数字赋能提升治理效能。实施农村数字基础设施升级工程，重点推进光纤宽带和5G网络向自然村延伸覆盖，保障广大农民能够平等地享受智慧村务等数字化服务。构建数据共享体系，建立集成政务办理、民生服务等功能的"一网通办"平台，消除部门间信息壁垒，提升公共服务响应速度。不断拓展数字技术应用场景，开发集成生产服务、村务办理、民意征集等功能的平台和应用软件，运用大数据分析精准识别群众需求，通过微信公众号、小程序等平台，提供个性化服务支持，形成线上线下相结合的治理模式。同步提升农村居民数字素养，将数字培训纳入新型职业农民培育体系，要特别关注留守老人和妇女群体，因人而异开展基础技能普及，提高农民的信息获取、接收和处理能力，保障数字服务的普惠性和可及性。

三　完善乡村治理保障机制

乡村治理保障机制是指围绕乡村治理目标和提升治理效能所构建的制度化支撑体系，旨在通过组织、政策、法治、资源、人才和监督等要素的系统性协同，确保治理过程有序高效、治理成果可持续稳固，将政策转化为长效动能。

完善乡村治理政策法规体系。建立多层次、系统化的政策法规体系，不断完善乡村治理制度框架。国家层面制定基础性法律，明确治理权责，为乡村治理提供根本遵循。同时，配套出台实施细则和地方性法规，形成完整的制度链条。围绕乡村治理关键领域，建立科学合理的考核指标体系，推行民生实事票决制，实施闭环管理与动态优化，完善监督评估机制，确保治理过程有序高效。

强化法治基础建设。农村地区社会关系的维系和矛盾纠纷调处主要依赖于非正式的社会规范体系，包括以血缘、亲缘为纽带的宗族网络和代际传承积累的地方性知识体系。这样的社会关系在乡村治理实践中往往表现为法治意识相对薄弱，纠纷调解注重"息事宁人"而非严格规则适用，资源分配讲究"情面"而非绝对公平，亟须构建系统化的法治治理体系。聚焦农村发展中的突出问题和农民实际需求，制定既符合国家法治要求又符合农村发展实际和农民利益诉求的法律法规。重点加强基层执法力量建设，通过规范执法程序、提升执法能力。开展"接地气"的法治教育，培育乡村法治文化，使尊法学法守法用法成为村民的自觉行动。

加强乡村治理人才保障。随着农村社会结构转型和治理需求升级，治理人才队伍成为破解基层治理困境的重要保障。其中，本土化的治理人才更了解乡村社会的运行规律，能够有效衔接政策落地与群众需求，在矛盾调解、资源整合中发挥桥梁作用。实施"头雁工程"培育本土带头人，充分调动村"两委"、村民小组等基层组织的能动性。同时，积极引进人才，打破地域、身份限制，从致富能手、高校毕业生、退役军人、返乡创业人员等群体中选拔人才，建立村级后备干部库，通过乡镇推荐、实地考察动态储备人才。积极引导各类社会组织、行业协会、专业服务机构和志愿者队伍等社会力量共同参与社区治理。建设一支政治过硬、本领过硬、作风过硬的治理队伍，为提高乡村治理效能提供人才保障。

参考文献

〔美〕C・E・布莱克：《现代化的动力》，段小光译，成都：四川人民出版社，1988。

包宗顺等：《农业现代化进程评估与推进战略——兼评江苏农业现代化进程》，《江海学刊》2002年第3期。

蔡昉等：《中国农村改革与变迁：30年历程和经验分析》，上海：格致出版社、上海人民出版社，2008。

陈江涛、张巧惠、吕建秋：《中国省域农业现代化水平评价及其影响因素的空间计量分析》，《中国农业资源与区划》2018年第2期。

陈文科、林后春：《农业基础设施与可持续发展》，《中国农村观察》2000年第1期。

陈锡文：《农村改革发展的形势和总体思路》，《中国党政干部论坛》2009年第8期。

陈锡文、罗丹、张征：《中国农村改革40年》，北京：人民出版社，2018。

陈锡文等：《中国农村制度变迁60年》，北京：人民出版社，2009。

陈锡文主编《中国农村公共财政制度：理论・政策・实证研究》，北京：中国发展出版社，2005。

陈晓莉：《新时期乡村治理主体及其行为关系研究》，北京：中国社会科学出版社，2012。

陈宗胜、钟茂初、周云波：《中国二元经济结构与农村经济增长和发展》，北京：经济科学出版社，2008。

程智强、程序：《农业现代化指标体系的设计》，《农业技术经济》2003 年第 2 期。

程智强等：《农业现代化指标体系的设计》，《农业技术经济》2003 年第 2 期。

戴炳业、刘慧、李敬锁编著《中国农业农村现代化探索与实践研究》，北京：科学技术文献出版社，2019。

杜黎明：《我国主体功能区现代农业发展研究》，《经济纵横》2010 年第 4 期。

杜鹰：《日本的农业政策改革及其启示》，《中国农村经济》2000 年第 12 期。

杜宇能、潘驰宇、宋淑芳：《中国分地区农业现代化发展程度评价——基于各省份农业统计数据》，《农业技术经济》2018 年第 3 期。

杜志雄：《农业农村现代化：内涵辨析、问题挑战与实现路径》，《南京农业大学学报》（社会科学版）2021 年第 5 期。

杜志雄、肖卫东：《中国"兴"字型农业现代化的演化与趋势》，北京：中国社会科学出版社，2019。

付城、刘媛：《乡村振兴视域下农业现代化政策工具选择研究——基于中央 1 号文件的考察》，《世界农业》2020 年第 9 期。

〔日〕冈部守等编著《日本农业概论》，北京：中国农业出版社，2004。

高布权：《世界农业现代化的机理与我国农业现代化的现实选择》，《农业经济》2007 年第 11 期。

顾焕章、张超超主编《中国农业现代化研究》，北京：中国农业科技出版社，1998。

郭书田主编《变革中的农村与农业》，北京：中国财政经济出版社，1993。

国家发展和改革委员会编《农村基础设施建设发展报告（2008年）》，北京：中国环境科学出版社，2008。

何慧丽、王思贤：《六位一体：新时期"实施乡村建设行动"的系统性阐释》，《中国农业大学学报》（社会科学版）2022年第1期。

贺贵柏等：《农业现代化的探索与实践》，北京：中国农业科学技术出版社，2021。

贺雪峰：《为谁的农业现代化》，《开放时代》2015年第5期。

洪银兴：《中国式现代化论纲》，南京：江苏人民出版社，2023。

胡久生、邱波：《推进现代农业建设的基本思路》，《学习月刊》2006年第12期。

黄祖辉等：《农业现代化：理论、进程与途径》，北京：中国农业出版社，2003。

黄祖辉等主编《中国"三农"问题：理论、实证与对策》，杭州：浙江大学出版社，2005。

姜长云：《中国式农业农村现代化》，北京：东方出版社，2023。

姜长云、李俊茹：《2035年中国特色的农业农村现代化指标体系研究》，《全球化》2021年第4期。

姜松：《中国西部农业现代化演进过程及机理研究》，北京：人民出版社，2015。

蒋和平：《高新技术改造传统农业论》，北京：中国农业出版社，1997。

蒋和平：《中国现代农业建设的特征与模式》，《中国发展观察》2007年第2期。

蒋和平、黄德林：《中国农业现代化发展水平的定量综合评价》，《农业现代化研究》2006年第2期。

蒋和平、辛岭：《建设中国现代农业的思路与实践》，北京：中国农业出版社，2009。

蒋和平、辛岭、尤飞等：《中国特色农业现代化建设研究》，北京：经济科学出版社，2011。

蒋和平等：《当代农业新技术革命与中国农业科技发展》，南昌：江西人民出版社，2002。

蒋永穆：《从"农业现代化"到"农业农村现代化"》，《红旗文稿》2020年第5期。

柯炳生：《关于加快推进现代农业建设的若干思考》，《农业经济问题》2007年第2期。

孔祥智、关付新：《特色农业：西部农业的优势选择和发展对策》，《农业技术经济》2003年第3期。

孔祥智等：《农业现代化体制机制创新与工业化、信息化、城镇化同步发展研究》，北京：人民日报出版社，2022。

孔祥智主编《农业现代化国情教育读本农业现代化》，北京：中国经济出版社，2015。

匡远配：《新时代中国农业农村现代化的多重逻辑、基本特征及实现路径》，《中国农村经济》2024年第12期。

李丽纯：《后现代农业视角下的中国农业现代化效益水平测评》，《农业经济问题》2013年第12期。

李实、杨一心：《面向共同富裕的基本公共服务均等化：行动逻辑与路径选择》，《中国工业经济》2022年第2期。

李岳云、冯继康：《新中国农地政策的历史嬗变及逻辑启示》，《南京农业大学学报》（社会科学版）2004年第1期。

李宗植、张润君编著《中华人民共和国经济史（1949~1999）》，兰州：兰州大学出版社，1999。

厉为民编著《荷兰农业的奇迹》，北京：中国农业科技出版社，2003。

厉以宁：《中国经济双重转型之路》，北京：中国人民大学出版社，2013。

林毅夫：《再论制度、技术与中国农业发展》，北京：北京大学出版社，2000。

林毅夫：《制度、技术与中国农业发展》，上海：格致出版社、上海三联书店、上海人民出版社，2008。

林毅夫：《制度、技术与中国农业发展》，上海：上海三联书店、上海人民出版社，1994。

林毅夫：《中国经济专题》，北京：北京大学出版社，2014。

刘坚主编《探索有中国特色的农业现代化道路》，北京：中国农业出版社，2001。

刘璐、辛岭、朱铁辉：《我国农业农村现代化水平的时空特征及障碍因子研究》，《中国农业资源与区划》2023年第6期。

刘培林、钱滔、黄先海等：《共同富裕的内涵、实现路径与测度方法》，《管理世界》2021年第8期。

刘晓越：《中国农业现代化进程研究与实证分析》，《统计研究》2004年第2期。

刘一腾：《数字乡村建设对农业农村现代化的影响与机制研究》，《山西大学学报》（哲学社会科学版）2024年第2期。

刘远风：《农业现代化进程中的基层政府职能研究》，北京：中国社会科学出版社，2020。

刘志扬：《美国农业新经济》，青岛：青岛出版社，2002。

卢良恕：《中国农业发展与科技进步》，济南：山东科学技术出版社，1992。

鲁全：《全体人民共同富裕的中国式现代化》，中国人民大学出版社，2024。

陆益龙：《乡村振兴中的农业农村现代化问题》，《中国农业大学学报》（社会科学版）2018 年第 3 期。

吕捷、赵丽茹、李红艳：《从"农业现代化"到"农业农村现代化"：党的"三农"理论发展与创新》，《中共中央党校（国家行政学院）学报》2023 年第 1 期。

罗明忠、魏滨辉：《数字赋能、技术进步与农村共同富裕》，《农业技术经济》2024 年第 2 期。

慕娟、马立平：《中国农业农村数字经济发展指数测度与区域差异》，《华南农业大学学报》（社会科学版）2021 年第 4 期。

聂闯：《美国农业》，北京：中国农业出版社，1998。

牛若峰：《中国农业现代化走什么道路》，《中国农村经济》2001 年第 1 期。

牛若峰等：《农业产业化经营的组织方式和运行机制》，北京：北京大学出版社，2000。

农业部课题组：《建设社会主义新农村若干问题研究》，北京：中国农业出版社，2005

彭慧慧、宋双义：《中国式现代化助推农民农村共同富裕的路径探析》，《智慧农业导刊》2024 年第 2 期。

秦富等：《国外农业支持政策》，北京：中国农业出版社，2003。

秦宏毅、王青山：《中国共产党对"三农"问题的历史探寻》，武汉：武汉出版社，2004。

权昌会主编《美国农业立法》，北京：经济科学出版社，1997。

沈费伟：《乡村技术赋能：实现乡村有效治理的策略选择》，《南京农业大学学报》（社会科学版）2020 年第 2 期。

史美兰：《农业现代化：发展的国际比较》，北京：民族出版社，2006。

司伟：《经济转型过程中的中国农业农村现代化》，《南京农业大学学报》（社会科学版）2021 年第 5 期。

〔日〕速水佑次郎：《日本农业保护政策》，朱钢、蔡昉译，北京：中国物价出版社，1993。

〔日〕速水佑次郎等：《农业发展的国际分析》，郭熙保等译，北京：中国社会科学出版社，2000。

覃诚、汪宝、陈典、方向明：《中国分地区农业农村现代化发展水平评价》，《中国农业资源与区划》2022 年第 4 期。

谭爱花、李万明、谢芳：《我国农业现代化评价指标体系的设计》，《干旱区资源与环境》2011 年第 10 期。

谭崇台主编《发展经济学概论》，武汉：武汉大学出版社，2001。

唐华俊、罗其友等编著《农业区域发展学导论》，北京：科学出版社，2008。

唐守祥、李树博：《新时代农业供给侧结构性改革对策思考》，《理论观察》2017 年第 11 期。

王春光：《从农业现代化到农业农村现代化：乡村振兴主体性研究》，北京：社会科学文献出版社，2021。

王丹竹：《乡村振兴与农业现代化治理融合发展问题研究》，《农业经济》2022 年第 12 期。

王国敏主编《农业产业化与农业宏观政策研究》，成都：四川大学出版社，2002。

王思明：《中美农业发展比较研究》，北京：中国农业科技出版社，1999。

王晓毅：《完善乡村治理结构，实现乡村振兴战略》，《中国农业大学学报》（社会科学版）2018 年第 3 期。

王兴国、吴梵：《农业现代化发展动力系统构成及作用机理研究》，《中国农业会计》2023 年第 7 期。

魏后凯：《加快推进农村现代化的着力点》，《中国农村经济》

2021 年第 4 期。

温铁军：《中国农村基本制度研究》，北京：中国经济出版社，2000。

〔美〕西奥多·W.舒尔茨：《改造传统农业》，梁小民译，北京：商务印书馆，1987。

奚建武：《农业现代化与城镇化的协调发展》，上海：上海人民出版社，2014。

肖剑、罗必良：《中国式农业现代化的核心命题：小农户如何走向农地规模化经营——来自农民工回流农户的证据》，《农村经济》2023 年第 2 期。

辛岭、刘衡、胡志全：《我国农业农村现代化的区域差异及影响因素分析》，《经济纵横》2021 年第 12 期。

杨戈：《走向现代农业——农业现代化与创新》，北京：中国经济出版社，2003。

杨明伟：《共同富裕：中国共产党的坚定谋划和不懈追求》，《马克思主义与现实》2021 年第 3 期。

杨少垒：《我国农业现代化评价指标体系构建研究》，《经济研究导刊》2014 年第 17 期。

杨少垒、蒋永穆：《中国特色农业现代化道路的科学内涵》，《上海行政学院学报》2013 年第 1 期。

杨头平、钟桂珍：《中国农业农村现代化的时空演变特征及影响因素分析》，《统计与决策》2024 年第 5 期。

叶兴庆等：《新发展阶段农业农村现代化的内涵特征和评价体系》，《改革》2021 年第 9 期。

尹成杰：《粮安天下——全球粮食危机与中国粮食安全》，北京：中国经济出版社，2009。

袁红英主编《新时代农业农村现代化理论·实践·展望》，北京：

人民出版社，2023。

苑鹏：《中国式农业农村现代化的不懈探索》，《中国合作经济》2022 年第 8 期。

〔美〕约翰·梅尔：《农业经济发展学》，何宝玉、王华、张进选译，北京：农村读物出版社，1988。

臧云鹏：《农业现代化的发展历程与未来方向》，《国家治理》2019 年第 34 期。

张航、李标：《中国省域农业现代化水平的综合评价研究》，《农村经济》2016 年第 12 期。

张红宇：《世界主要国家农业政策及其发展趋势》，《农村经济文稿》2001 年第 5 期。

张晓山：《习近平"城乡一体化"思想探讨》，《国家治理》2015 年第 41 期。

张晓山：《现代农业需走内涵式规模经营道路》，《中国发展观察》2007 年第 2 期。

张晓山：《中国农民专业合作社的发展及面临的挑战》，《中国合作经济》2012 年第 6 期。

张晓山、李周主编《新中国农村 60 年的发展与变迁》，北京：人民出版，2009。

张应武、欧阳子怡：《我国农业农村现代化发展水平动态演进及比较》，《统计与决策》2019 年第 20 期。

张宇：《农业农村数字经济对城乡共同富裕的影响研究——基于电子商务进农村综合示范县准自然实验的证据》，《技术经济与管理研究》2024 年第 2 期。

张忠根等：《中日韩农业现代化比较研究》，北京：中国农业出版社，2002。

章政：《现代日本农协》，北京：中国农业出版社，1998。

郑林：《现代化与农业创新路径的选择：中国近代农业技术创新三元结构分析》，北京：北京师范大学出版社，2020。

郑有贵：《目标与路径：中国共产党"三农"理论与实践60年》，长沙：湖南人民出版社，2009。

中国农业现代化建设理论、道路与模式课题组编著《中国农业现代化建设理论、道路与模式》，济南：山东科学技术出版社，1996。

中国现代化战略课题组、中国科学院中国现代化研究中心：《中国现代化报告2003——现代化理论、进程与展望》，北京：北京大学出版，2003。

仲怀公、黄容：《农村居民文化消费的空间溢出效应分析》，《统计与决策》2023年第14期。

周洁红等：《农业现代化评论综述——内涵、标准与特性》，《农业经济》2002年第11期。

周利生、王钰鑫、景鹏：《中国农业现代化的求索：民主革命与理论回应》，北京：中国社会科学出版社，2016。

周娜：《乡村振兴视角下实现农业现代化的路径探析》，《理论探讨》2022年第2期。

周振、孔祥智：《中国"四化"协调发展格局及其影响因素研究——基于农业现代化视角》，《中国软科学》2015年第10期。

朱颂华：《农业现代化理论与实践》，上海：上海财经大学出版社，1998。

朱岩等编著《数字农业：农业现代化发展的必由之路》，北京：知识产权出版社，2020。

祝志川、张国超、张君妍、翁新新：《中国农业农村现代化发展水平及空间分布差异研究》，《江苏农业科学》2018年第19期。

庄天慧、王克冬：《发展新质生产力 建设农业强省》，《四川日报》2024年3月25日。

邹东涛、欧阳日辉等：《新中国经济发展 60 年（1949—2009）》，北京：人民出版社，2009。

左伟、葛巧玉：《中国特色社会主义共同富裕的理论渊源与历史逻辑》，《学校党建与思想教育》2017 年第 2 期。

图书在版编目（CIP）数据

共同富裕视角下的农业农村现代化：理论逻辑与实
践路径 / 智敏著 . --北京：社会科学文献出版社，
2025. 6. --ISBN 978-7-5228-5684-1

Ⅰ. F320. 1

中国国家版本馆 CIP 数据核字第 20254V7Q48 号

共同富裕视角下的农业农村现代化：理论逻辑与实践路径

著　　者／智　敏

出 版 人／冀祥德
责任编辑／吴　敏
责任印制／岳　阳

出　　版／社会科学文献出版社
　　　　　　地址：北京市北三环中路甲 29 号院华龙大厦　邮编：100029
　　　　　　网址：www. ssap. com. cn
发　　行／社会科学文献出版社（010）59367028
印　　装／三河市龙林印务有限公司

规　　格／开本：787mm×1092mm　1/16
　　　　　　印　张：14.5　字　数：195 千字
版　　次／2025 年 6 月第 1 版　2025 年 6 月第 1 次印刷
书　　号／ISBN 978-7-5228-5684-1
定　　价／89.00 元

读者服务电话：4008918866